PRISMA NATURWISSENSCHAFTEN 5

Vom ganz Kleinen und ganz Großen

Rheinland-Pfalz

Stephan Haas
Klaus Hell
Michael Maiworm
Reinhard Peppmeier
Charlotte Willmer-Klumpp

Ernst Klett Verlag
Stuttgart · Leipzig

1. Auflage   1 5 4 3 2 1 | 12 11 10 09 08

Alle Drucke dieser Auflage sind unverändert und können im Unterricht nebeneinander verwendet werden.
Die letzte Zahl bezeichnet das Jahr des Druckes.

Das Werk und seine Teile sind urheberrechtlich geschützt. Jede Nutzung in anderen als den gesetzlich zugelassenen Fällen bedarf der vorherigen schriftlichen Einwilligung des Verlages. Hinweis § 52 a UrhG: Weder das Werk noch seine Teile dürfen ohne eine solche Einwilligung eingescannt und in ein Netzwerk eingestellt werden. Dies gilt auch für Intranets von Schulen und sonstigen Bildungseinrichtungen. Fotomechanische oder andere Wiedergabeverfahren nur mit Genehmigung des Verlages.

© Ernst Klett Verlag GmbH, Stuttgart 2008. Alle Rechte vorbehalten. www.klett.de

Autoren: Stephan Haas, Klaus Hell, Michael Maiworm, Reinhard Peppmeier, Charlotte Willmer-Klumpp
Unter Mitarbeit von: Günter Herzig, Uwe Pietrzyk, Hildegard Recke, Petra Schleusener

Redation: Ute Nicklaß, Rolf Strecker
Herstellung: Horst Andres

Layoutkonzeption und Gestaltung: Matthias Balonier, Infografik, Lützelbach
Unter Mitarbeit von: Elke Kurz, Kernen i. R., Karin Mall, Berlin; Martina Mannhart, Stuttgart
Umschlaggestaltung: KOMA AMOK®, Kunstbüro für Gestaltung, Stuttgart
Illustrationen: Matthias Balonier, Lützelbach; d. Biografiker, München; Joachim Hormann, Stuttgart; Jeanne Kloepfer, Lindenfels; Angelika Kramer, Stuttgart; Karin Mall, Berlin; Alfred Marzell, Schwäbisch Gmünd; Tom Menzel, Rohlsdorf; normaldesign, Schwäbisch Gmünd; Gerhart Römer, Ihringen
Reproduktion: Meyle + Müller, Medien-Management, Pforzheim
Druck: Druckhaus Götz GmbH, Ludwigsburg

Printed in Germany
ISBN: 978-3-12-068902-7

Hinweise zur Benutzung

PRISMA NATURWISSENSCHAFTEN

ist ein Lern- und Arbeitsbuch. Es dient sowohl zum Einsatz im Unterricht als auch zum Nachbereiten und Wiederholen von Lerneinheiten. Das Buch kann jedoch den Unterricht nicht ersetzen. Das Durchführen von Experimenten und die Auseinandersetzung mit den Ergebnissen sind zum Erlernen naturwissenschaftlicher Arbeitsmethoden unverzichtbar.

Eine geeignete Aufbereitung soll den Umgang mit dem Buch erleichtern. Zu diesem Zweck sind verschiedene Symbole und Kennzeichnungen verwendet, die überall im Buch die gleiche Bedeutung haben:

Der **Startpunkt** bildet den Einstieg in das Kapitel. Durch einen motivierenden, alltagsnahen Einstieg mit einem bildorientierten Seitenaufbau wird das Interesse der Schülerinnen und Schüler für den folgenden Unterrichtsstoff geweckt.

Basisseiten sind durch ein kleines graues Quadrat gekennzeichnet. Sie enthalten sinnvoll ausgewählte Lerninhalte, die den Erwerb der im Rahmenlehrplan geforderten Kompetenzen ermöglichen. Die Lerninhalte eines Themas werden übersichtlich und klar gegliedert angeboten.

Diese Seite stellt Schülerexperimente vor. Die **Werkstatt**seite fördert das Erlernen von naturwissenschaftlichen Arbeitsweisen. Versuchsbeschreibungen in schülergerechter Sprache ermöglichen eine selbstständige Versuchsdurchführung durch die Schülerinnen und Schüler.

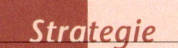
Der Seitentyp **Strategie** dient der Vermittlung von Methodenkompetenz und fördert den Erwerb von Schlüsselqualifikationen.

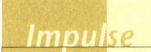
Auf diesen Seiten mit hohem Aufforderungscharakter findet man Materialien und Anregungen zur selbstständigen Bearbeitung von Kontexten, die zu dem jeweiligen Rahmenthema passen.

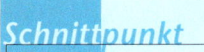
Dieser Seitentyp bietet weitergehende Informationen zum Unterrichtsstoff. Historische, wissenschaftliche oder technische Hintergrundinformationen sowie fächerübergreifende Bezüge vertiefen das Stoffgebiet.

Auf **Lexikon**seiten werden Unterrichtsinhalte systematisch zusammengestellt. Durch die lexikalische Abhandlung ist dieser Seitentyp gut zum Nachschlagen geeignet.

Der **Schlusspunkt** ist die letzte Einheit eines Kapitels. Er enthält eine Zusammenfassung der wichtigsten Lerninhalte des Kapitels sowie ein vielfältiges Aufgabenangebot.

Ausgehend von Beispielen aus den verschiedenen Kapiteln werden am Ende des Buches **Basiskonzepte** dargestellt.

Hinweis zu den Versuchen

Vor der Durchführung eines Versuchs müssen mögliche Gefahrenquellen besprochen werden. Die geltenden Richtlinien zur Vermeidung von Unfällen beim Experimentieren sind zu beachten. Da Experimentieren grundsätzlich umsichtig erfolgen muss, wird auf die üblichen Verhaltensregeln, insbesondere auf die GUV-SI 8070 „Richtlinien zur Sicherheit im Unterricht" nicht jedes Mal erneut hingewiesen. Das Tragen einer Schutzbrille beim Experimentieren ist unerlässlich.

Einige Substanzen, mit denen im Unterricht umgegangen wird, sind als Gefahrstoffe eingestuft. Sie können in den einschlägigen Verzeichnissen nachgeschlagen werden.

Die Versuchsanleitungen sind nach Schüler- und Lehrerversuch unterschieden und enthalten in besonderen Fällen Hinweise auf mögliche Gefahren.

 1 **Schülerversuch.** Die allgemeinen Hinweise zur Vermeidung von Unfällen beim Experimentieren müssen bekannt sein.
Auch Schülerversuche sind nur auf Anweisung des Lehrers durchzuführen.

3 **Lehrerversuch**

 Gefahrensymbol. Bei Versuchen, die mit diesem Zeichen versehen sind, müssen vom Lehrer besondere Vorsichtsmaßnahmen getroffen werden.

 Verweis auf Bild oder Versuch

 Die **Merksätze** sind durch einen grauen Balken mit blauem Dreieck gekennzeichnet.
Sie beinhalten die wichtigsten Lerninhalte kurz und prägnant.

 Das graue Quadrat mit Dreieck fasst im Schlusspunkt einzelne Themenbereiche des Kapitels kurz zusammen.

1 Eine Aufgabendifferenzierung erfolgt durch die Farbgebung der Aufgabennummer.

2 Dabei sind schwierige Aufgaben im Schlusspunkt durch rote Ziffern gekennzeichnet.

<u>**3**</u> Aufgaben, zu denen im Anhang des Buches eine Musterlösung angeboten wird, sind durch eine doppelte Unterstreichung gekennzeichnet.

10 Im Schlusspunkt werden komplexe Aufgaben durch eine graue Unterlegung hervorgehoben. Sie decken jeweils mehrere Kompetenzbereiche und zum Teil unterschiedliche Anforderungsniveaus ab.

Inhaltsverzeichnis

Vom ganz Kleinen und ganz Großen

6   Wege in die Welt des Kleinen

8	Dem Täter auf der Spur
9	Werkstatt: Das Kriminallabor
10	Werkstatt: Die Lupe
11	Unter die Lupe genommen
12	Werkstatt: Bodenuntersuchungen
13	Entdeckungen im Boden
13	Werkstatt: Wir bestimmen Bodenlebewesen
14	Optische Geräte – das Mikroskop
15	Werkstatt: Umgang mit dem Mikroskop
16	Werkstatt: Richtig zeichnen
17	Werkstatt: Herstellen eines Präparates
18	Die Pflanzenzelle
19	Die Tierzelle
20	Lexikon: Die Welt der Kleinstlebewesen
21	Werkstatt: Lebewesen im Wassertropfen
22	Bakterien und Viren
23	Schnittpunkt: Von der Lupe zum Rasterelektronenmikroskop
24	Mikroorganismen in der Lebensmittelherstellung
25	Werkstatt: Lebensmittel selbst hergestellt
26	Strategie: Modelle entwickeln
27	Impulse: Modell- und Teilchenvorstellungen
28	Werkstatt: Die Welt der kleinsten Teilchen
29	Von Stoffen und Teilchen
30	Werkstatt: Die Welt der Kristalle
31	Kristalle – Ordnung kleinster Teilchen
32	Schlusspunkt
33	Aufgaben

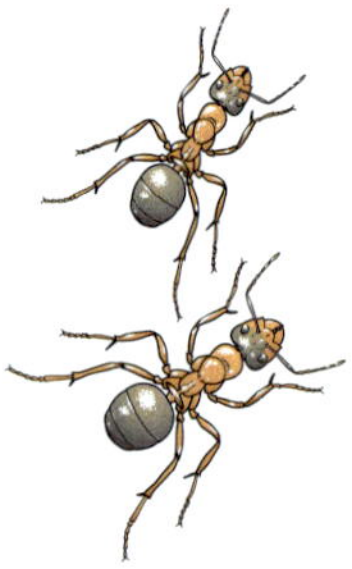

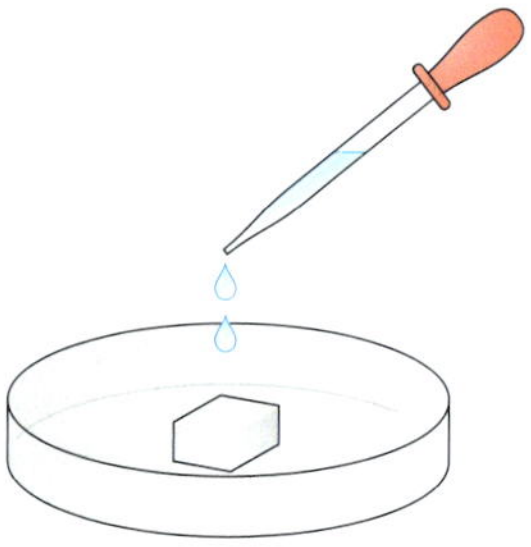

34 Sonne, Mond und Sterne

36 Unser Sonnensystem
38 Die Planeten unseres Sonnensystems
40 Werkstatt: Entfernungen schätzen, messen und vergleichen
41 Die Sonne
42 Die Erde – immer in Bewegung
43 Werkstatt: Bewegung mit Folgen
44 Der Mond – ein Begleiter der Erde
45 Werkstatt: Die Mondphasen im Modell
46 Schnittpunkt: Historische Weltbilder
47 Der Schatten aus dem All
48 Lexikon: Wissenswertes aus der Astronomie
49 Der Himmel bei Nacht
50 Schnittpunkt: Das Planetarium
51 Strategie: Besuch einer Sternwarte
52 Werkstatt: Bau einer Sternkarte
54 So funktionieren Fernrohre
55 Werkstatt: Wir bauen ein Fernrohr
56 Schnittpunkt: Die internationale Raumstation ISS
58 Schlusspunkt
59 Aufgaben

60 Basiskonzept

60 System

61 Anhang

61 Musterlösungen
62 Stichwortverzeichnis
64 Bildnachweis

Startpunkt

Wege in die Welt des Kleinen

Es gibt eine Welt, die für unsere Augen allein nicht sichtbar ist. Mit einer Lupe oder einem Mikroskop kannst du eine Entdeckungsreise in die geheimnisvolle Welt der kleinen Dinge antreten.

Viele Erscheinungen in der Natur kannst du mit bloßen Augen beobachten. Bei sehr kleinen Dingen reicht der Sehsinn aber nicht aus. Zur Vergrößerung benutzt du eine Lupe, ein Binokular oder ein Mikroskop. Wie diese Geräte funktionieren und wie du mit ihnen umgehen musst, wirst du in diesem Kapitel erfahren.

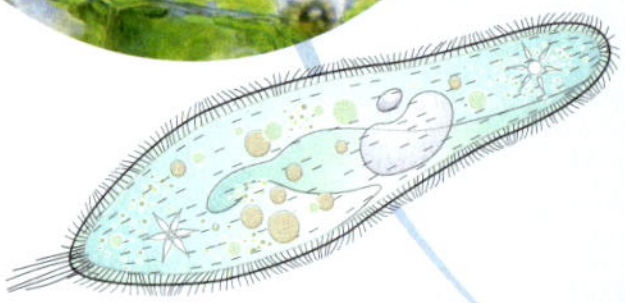

Wie kann die Polizei unsichtbare Spuren sichtbar machen? Welche kleinen Lebewesen gibt es im Boden? Welche Entdeckungen kannst du mit dem Mikroskop machen? Woraus bestehen alle Tiere und Pflanzen?

Viele Entdeckungen warten auf dich! Mach dich auf zu einer Reise in die Welt des Kleinen.

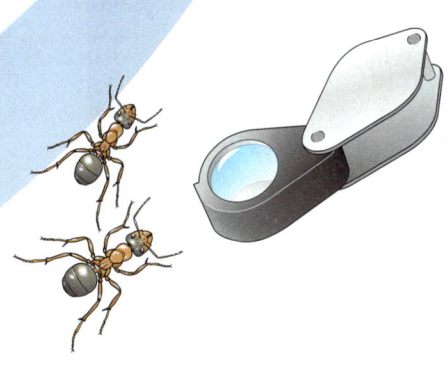

Dem Täter auf der Spur

1 Nachricht über einen spektakulären Raub

Der Tag, an dem die Mona Lisa verschwand

Im Jahr 1911 ging eine Nachricht um die Welt: Eines der berühmtesten Gemälde – die „Mona Lisa" des Malers Leonardo da Vinci – war aus dem Louvre in Paris gestohlen worden (▷ B 1). Viele Polizisten und Detektive untersuchten das Museum. Tatsächlich fanden sie auf dem zurückgelassenen Rahmen einen Fingerabdruck.

Zwei Jahre nach dem Diebstahl wurde der Räuber gefasst. Er wollte das Bild verkaufen und wurde beim Verkauf verhaftet. Die Polizei verglich seine Fingerabdrücke mit dem Abdruck auf dem zurückgelassenen Bilderrahmen. Die Abdrücke stimmten überein, der Täter war überführt.

Spuren sichtbar machen

Heute ist es kaum noch möglich, eine Straftat zu begehen, ohne Spuren zu hinterlassen. Viele dieser Spuren sind so klein, dass man für ihre Untersuchung Hilfsmittel benötigt. Fingerabdrücke erkennt man mit bloßen Augen kaum. Sie werden mit Rußpulver sichtbar gemacht und lassen sich dann mit der Lupe betrachten. Haare und Fasern von Kleidung, die die Polizei am Tatort findet, untersucht man mit dem Mikroskop. Selbst winzige Hautschuppen können analysiert und einer bestimmten Person zugeordnet werden. Doch dazu ist eine spezielle Technik nötig.

Spurensicherung heute

Die Kriminalpolizei benutzt für ihre Arbeit einen Spurensicherungskoffer (▷ B 2). Er enthält Werkzeuge und Chemikalien, mit denen Spuren sichtbar gemacht und gesichert werden.
Pinsel und verschiedene Pulver dienen zum Erkennen von Fingerabdrücken. Mit Klebefolie kann man sie auf Papier übertragen und später auswerten. Auch Fußspuren werden mit Klebefolien gesichert. Blutspuren werden mit speziellen Lichtquellen und Lösungen sichtbar gemacht. Damit der Spurensicherer selbst keine Spuren hinterlässt, benötigt er einen Schutzanzug, Schuhüberzieher und Handschuhe.

Aufgabe

1 Welche sichtbaren und unsichtbaren Spuren könnte der Dieb beim Raub der Mona Lisa zurückgelassen haben? Wie könnte man sie sichern und untersuchen?

2 Utensilien der Spurensicherung

Werkstatt

Das Kriminallabor

Bei der Aufklärung eines Verbrechens sind häufig winzigste Spuren von großer Bedeutung. So können einzelne Fasern darauf hinweisen, dass der Täter eine blaue Hose und ein grünes Hemd aus Baumwolle getragen hat.

1 Spurensicherung durch Gipsabdruck

Material
Gipspulver, Wasser, Spatellöffel, großer Plastikbecher, Lupe, fester Pappkarton, Drahtgewebe oder Stoff, Bürste

Versuchsanleitung
a) Erzeuge in lockerem Boden einen deutlichen Fußabdruck oder eine Reifenspur (mit dem Fahrrad).
b) Stelle aus dem Pappkarton-Streifen einen Rahmen her. Er sollte so groß sein, dass er die Spur gerade einfasst.
c) Gib in den Plastikbecher etwas Wasser und rühre dann Gipspulver ein. Wenn der Gipsbrei zu zäh wird, füge noch etwas Wasser hinzu. Der Gipsbrei muss gut gießfähig sein.
d) Gieße jetzt vorsichtig eine erste Schicht Gipsbrei auf die Spur. Lege zur Verstärkung ein Stück Drahtgewebe oder einen Stoffrest auf den Gips und gieße eine zweite Gipsschicht darüber (▷ B 1).
e) Nach etwa 15 Minuten ist der Gips ausgehärtet und du kannst den Abdruck vorsichtig aus der Spur nehmen.

Aufgabe
Säubere den Gipsabdruck sorgfältig von allen anhaftenden Schmutzteilchen. Betrachte den Abdruck mit der Lupe.
Notiere in einem Protokoll alle Merkmale, die du feststellen kannst.

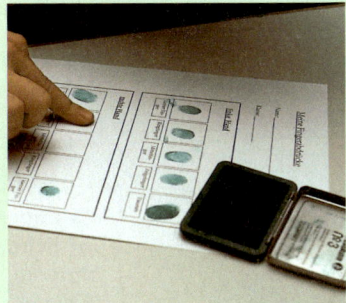

2 Fingerabdrücke

2 Fingerabdrücke im Vergleich

Material
Stempelkissen, Papier, Bleistift, Lineal, Lupe

Versuchsanleitung
a) Zeichne auf ein weißes Blatt Papier mehrere Quadrate. Schreibe in jedes Quadrat den Namen eines Mitglieds deiner Gruppe.
b) Jeder Schüler aus der Gruppe soll nun seinen rechten Daumen auf ein Stempelkissen drücken und im zugehörigen Quadrat einen deutlichen Fingerabdruck erzeugen.
c) Betrachte die Fingerabdrücke mit der Lupe. Notiere unter dem Quadrat alle Merkmale und Auffälligkeiten.

3 Untersuchung von Textil- und Haarproben

Material
Objektträger, Deckgläschen, Wasser, Pinzette, Mikroskop, verschiedene Haar- und Textilproben

Versuchsanleitung
a) Zupfe einige Fasern aus einem Kleidungsstück. Lege die Fasern in einen Wassertropfen auf einen Objektträger und decke ihn mit einem Deckgläschen ab. Betrachte die Probe unter dem Mikroskop.

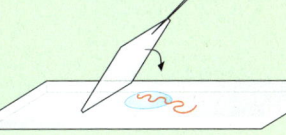

3 Faser auf einem Objektträger

b) Wiederhole den Versuch dann mit einigen Haarproben (verwende Haare unterschiedlicher Farbe).
c) Erstelle Zeichnungen der verschiedenen Proben und beschreibe in kurzen Sätzen die jeweiligen Besonderheiten.

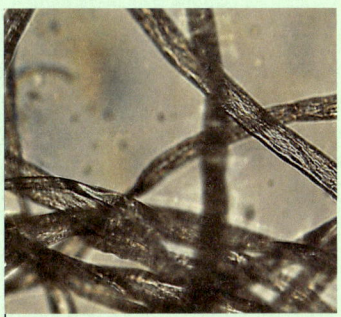

4 Fasern unter einem Mikroskop

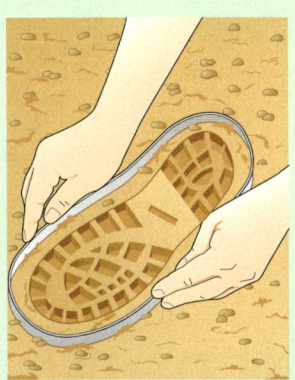

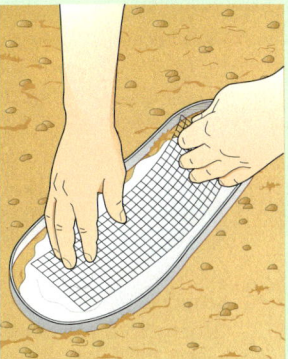
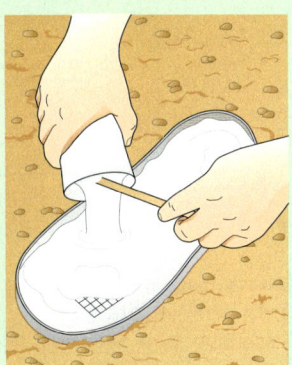

1 Wir fertigen einen Gipsabdruck an.

Werkstatt

Die Lupe

Spurensucher benutzen sie, Insektenforscher können nicht auf sie verzichten – und sicherlich hast auch du schon manchen Gegenstand mit einer Lupe betrachtet. In den folgenden Versuchen erfährst du, wie du einfache Lupen selbst bauen kannst und wie du mit ihnen unterschiedliche Vergrößerungen erreichst.

1 Ein Wassertropfen als Lupe

Material
Große Sicherheitsnadel, Strohhalm oder Pipette, Klarsichthülle, Zeitungspapier

Versuchsanleitung
a) Lege ein Stück Zeitungspapier in die Klarsichthülle. Tropfe mit der Pipette oder mit dem Strohhalm Wasser auf die Hülle. Versuche, unterschiedlich große Tropfen zu erzeugen. Betrachte den Zeitungstext unter den verschiedenen Wassertropfen. Was fällt dir dabei auf?

b) Gib einen Wassertropfen in die Öse einer großen Sicherheitsnadel (▷ B 1). Welche Form hat der Wassertropfen in der Öse?

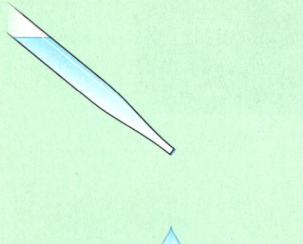

| 1 Aufbringen des Tropfens

Betrachte nun den Zeitungstext durch den Wassertropfen. Beschreibe deine Beobachtungen.

2 Eine „Wasserlupe"

Material
2 Uhrgläser, Knetgummi, Wasser

Versuchsanleitung
a) Forme aus dem Knetgummi eine lange „Wurst". Lege das so geformte Knetgummi auf den inneren Rand eines Uhrglases. An einer Stelle muss eine kleine Lücke bleiben (▷ B 2).

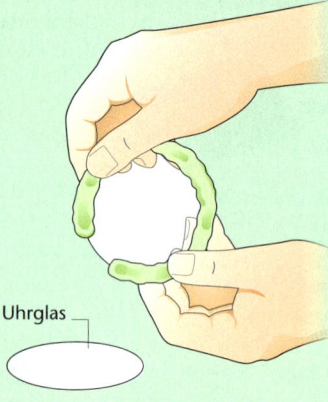

| 2 Auflegen der Knetgummidichtung

b) Drücke dann das andere Uhrglas so in das Knetgummi, dass zwischen den Uhrgläsern ein Hohlraum entsteht (▷ B 3). Das Knetgummi muss die beiden Gläser vollständig abdichten, es darf keine undichte Stelle entstehen!

| 3 Aufsetzen des zweiten Glases

c) Fülle dann über die verbliebene Lücke Wasser ein (▷ B 4). Achte darauf, dass keine Luftblasen entstehen. Wenn die „Wasserlupe" vollständig gefüllt ist, verschließe die Lücke mit einem Stück Knetgummi.
Betrachte verschiedene kleine Gegenstände mit deiner „Wasserlupe".

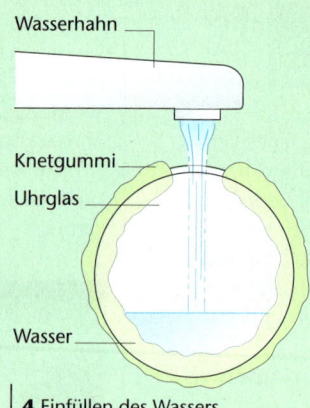

| 4 Einfüllen des Wassers

3 Lupen mit unterschiedlicher Vergrößerung

Material
Verschiedene Lupen, Millimeterpapier oder kariertes Papier

Versuchsanleitung
a) Lege eine Lupe auf das Millimeterpapier (▷ B 5). Entferne dich dann mit der Lupe langsam vom Millimeterpapier. Betrachte dabei das Millimeterpapier durch die Lupe.
Kannst du aus allen Entfernungen das vergrößerte Millimeterpapier erkennen? Wann erhältst du die stärkste Vergrößerung?

b) Wiederhole den Versuch mit anderen Lupen und vergleiche ihre Vergrößerungen. Welche Form haben die Lupen, die am stärksten vergrößern?

c) Betrachte das Wort „Lupe" in Bild 5 mit einer Leselupe, einer Becherlupe und einem Binokular. Welche Unterschiede kannst du feststellen?

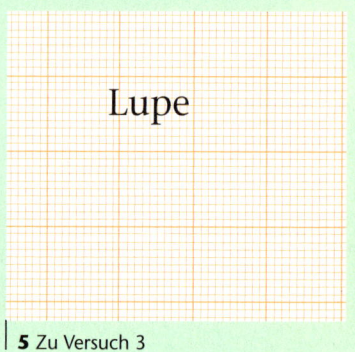

| 5 Zu Versuch 3

Unter die Lupe genommen

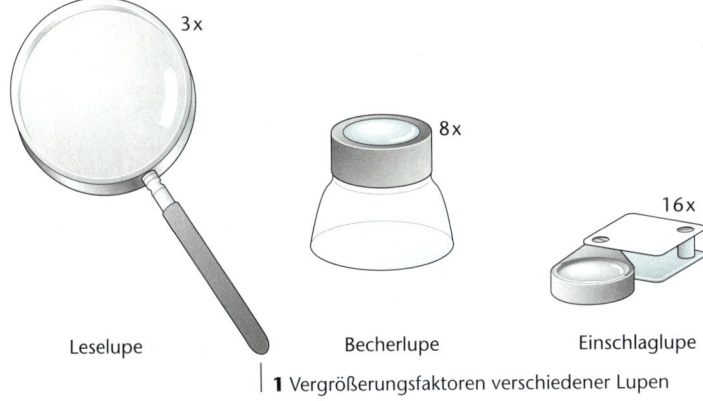

Leselupe   Becherlupe   Einschlaglupe

1 Vergrößerungsfaktoren verschiedener Lupen

2 Leselupen vergrößern große Textausschnitte.

Die Lupe
Durch einen Wassertropfen betrachtet erscheint die Schrift einer Zeitung vergrößert. Betrachte die Form des Wassertropfens genauer: Er ist in der Mitte dicker als am Rand. Die gleiche Form hat eine **Sammellinse**. Auch durch eine Sammellinse kannst du Gegenstände vergrößert betrachten.
Baut man eine Sammellinse in eine Fassung ein, erhält man eine **Lupe**.

▶ Eine Lupe enthält eine Sammellinse. Mit ihr kann man Gegenstände vergrößert betrachten.

Lupen vergrößern unterschiedlich stark
Allerdings vergrößert die Lupe nicht immer gleich stark. Liegt die Lupe direkt auf dem Gegenstand, kannst du kaum eine Vergrößerung erkennen. Entfernst du die Lupe von dem Gegenstand, nimmt die Vergrößerung zu. Bei einer bestimmten Entfernung wird das Bild unscharf, und du kannst den Gegenstand nicht mehr erkennen.

Betrachte einen Gegenstand mit verschiedenen Lupen. Eine Leselupe lässt den Gegenstand bis zu dreimal größer erscheinen. Benutzt du eine Becherlupe, erscheint der Gegenstand bis zu achtmal größer als ohne Lupe (▷ B 1).

▶ Der Vergrößerungsfaktor gibt an, wie viel Mal größer das Bild im Vergleich zum Gegenstand werden kann.

Die verschiedenen Lupen enthalten unterschiedlich geformte Sammellinsen. Eine dicke Sammellinse mit kleinem Durchmesser erreicht eine starke Vergrößerung. Die Einschlaglupe vergrößert bis zu 16-fach. Man benutzt sie häufig für Untersuchungen in den Naturwissenschaften. Eine flache Sammellinse mit großem Durchmesser wird z. B. bei einer Leselupe verwendet (▷ B 2). Die Vergrößerung ist nicht sehr stark, dafür kann man mit solchen Lupen einen großen Textausschnitt betrachten.

Das Binokular
Wenn du mit einem Binokular (▷ B 3) arbeitest, kannst du das vergrößerte Bild mit beiden Augen sehen. Die untersuchten Gegenstände erscheinen räumlich, fast wie „zum Greifen". Binokulare vergrößern zwischen 6- und 40-fach, manchmal auch 100-fach.
Das Bild stellst du über einen Drehknopf an der Seite scharf. Achte auf eine gute Beleuchtung des Gegenstands. In der Regel stellst du die Lichtquelle so ein, dass ihr Licht von oben auf den Gegenstand fällt.

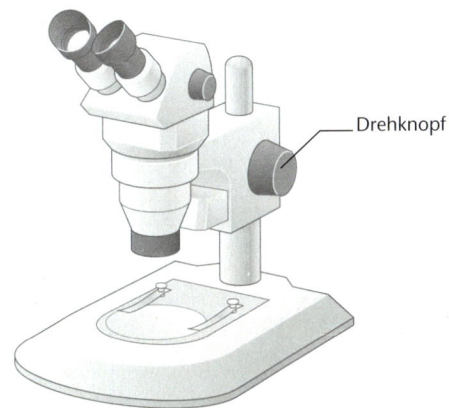

Drehknopf

3 Das Binokular

11

Werkstatt

Bodenuntersuchungen

1 Finger- und Knirschprobe

Material
Unterschiedliche Bodenproben (z. B. Waldboden, Wiesenboden, Gartenerde), Objektträger, Plastiktüten

Versuchsanleitung
a) Entnimm an verschiedenen Standorten Bodenproben. Fülle sie in Plastiktüten, verschließe die Plastiktüten und versieh die Proben mit einem Schild, auf dem der Standort vermerkt ist.
b) Führe mit den Bodenproben die Fingerprobe durch. Versuche dazu, aus der Bodenprobe zwischen den Händen eine kleine Rolle zu formen.

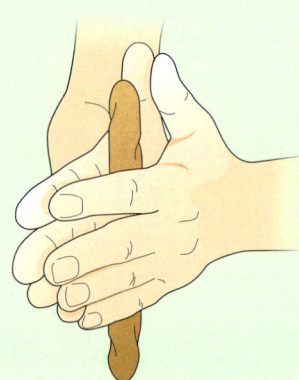

1 Fingerprobe

c) Führe nun die Knirschprobe durch. Reibe dazu eine kleine Probe zwischen zwei Objektträgern. Höre aufmerksam hin, ob du dabei ein Knirschen wahrnimmst.

2 Knirschprobe

d) Beurteile den Boden hinsichtlich der gefundenen Eigenschaften (▷ B 3): Um welche Bodenart könnte es sich bei den untersuchten Proben handeln?

Bodenart	Fingerprobe	Knirschprobe
Lehmboden	ja	ja
Sandboden	nein	ja
Tonboden	ja	nein

3 Eigenschaften der Bodenarten

2 Bestimmung der Teilchengröße

Material
Sieb, getrocknete Bodenproben, weißes Papier, Lineal, Zahnstocher

Versuchsanleitung
Siebe die trockene Bodenprobe auf ein weißes Blatt Papier. Lege ein Lineal neben die durchsiebte Erde und schiebe einige Bestandteile des Bodens mit dem Zahnstocher neben das Lineal. Ordne die Körner im Sieb nach ihrer Größe. Notiere die Größe der verschiedenen Bestandteile in einer Tabelle.

4 Bestimmung der Korngrößen

Aufgabe
Vergleiche die Ergebnisse deiner Untersuchungen mit der Tabelle in Bild 5.

Bodenbestandteile	Korngröße
Grobsteine	über 20 mm
Feinsteine	6 mm – 20 mm
Feinkies	2 mm – 6 mm
Sand	0,1 mm – 2 mm
Schluff	0,002 mm – 0,1 mm
Ton und Lehm	unter 0,002 mm

5 Korngrößen

6 Eine Bodenprobe wird entnommen

3 Die Schlämmprobe

Material
Marmeladenglas mit Deckel, unterschiedliche Bodenproben, Wasser

Versuchsanleitung
Fülle ein Marmeladenglas etwa zu einem Drittel mit einer Bodenprobe (▷ B 7). Fülle das Glas dann fast vollständig mit Wasser und verschließe es mit einem Deckel. Schüttle die Probe mehrfach kräftig und lasse das Glas dann ruhig stehen.

7 Vorbereitung der Schlämmprobe

Aufgaben
1. Fertige von der Schlämmprobe eine Zeichnung an, in der die einzelnen Schichten deutlich werden. Wie viele Schichten haben sich gebildet?

2. Stelle eine Vermutung an, aus welchen Bestandteilen des Bodens die einzelnen Schichten bestehen könnten.

Entdeckungen im Boden

Boden ist nicht gleich Boden

Wenn du etwas Boden in die Hand nimmst und versuchst, ihn zu einer Wurst zu rollen, dann gelingt dir das nur manchmal. Das liegt daran, dass der Boden aus verschiedenen Bestandteilen besteht. Die Hauptbestandteile sind Sand, Lehm und Ton (▷ B 1 – B 3). Ist der Anteil an Sand hoch, dann zerbröselt die Bodenprobe beim Rollen, es lässt sich keine „Wurst" daraus formen.

Im **Sandboden** sind die einzelnen Körner mit bloßem Auge zu erkennen. **Lehm** ist eine Mischung aus sehr feinem Sand und Ton. **Ton** besteht aus winzigen Teilchen, die auch mit der Lupe nicht zu unterscheiden sind.

1 Sand **2** Lehm **3** Ton

Tiere im Boden

Der Boden ist nicht nur die Grundlage des Pflanzenwachstums, er ist auch ein wichtiger Lebensraum für viele Tiere (▷ B 4 – B 10). So findet man unter einer Bodenfläche von 1 m x 1 m bis in eine Tiefe von 30 cm etwa 50 Schnecken, 80 Regenwürmer, 100 Käfer, 50 000 Springschwänze und 1 Million Fadenwürmer.

Viele dieser Bodenbewohner sind jedoch nur mit der Lupe oder dem Binokular zu sehen. Mit einer besonderen Versuchsapparatur, der **Berlese-Apparatur**, lassen sich viele Bodenlebewesen fangen und bestimmen. Denke daran: Auch diese Lebewesen müssen nach der Untersuchung wieder in ihren natürlichen Lebensraum zurückgebracht werden.

4 Zwergspinne **5** Doppelschwanz **6** Springschwanz **7** Tausendfüßler **8** Hundertfüßler **9** Schließmundschnecke **10** Saftkugler

Werkstatt

Wir bestimmen Bodenlebewesen

Material
Feuchte Bodenprobe (aus dem Wald), Trichter, Sieb (passend für Trichter), Lampe (z. B. Schreibtischlampe), Schuhkarton, schwarzer Karton, Becherglas, Lupe, Binokular, Pinzette, Petrischale

Versuchsanleitung
Baue die Versuchsapparatur (Berlese-Apparatur) zur Bestimmung von Bodenlebewesen wie rechts dargestellt auf. Fange die Lebewesen zunächst in einem Becherglas und gib sie dann in eine flache Petrischale. In dieser Glasschale lassen sich die Bodenlebewesen gut beobachten und bestimmen. Besonders kleine Lebewesen müssen mit der Lupe oder dem Binokular betrachtet werden.

Aufgaben
1. Versuche, mit einem Bestimmungsbuch die Namen der Bodenlebewesen zu finden.

2. Warum sammeln sich die Bodenbewohner schon nach kurzer Zeit im Becherglas?

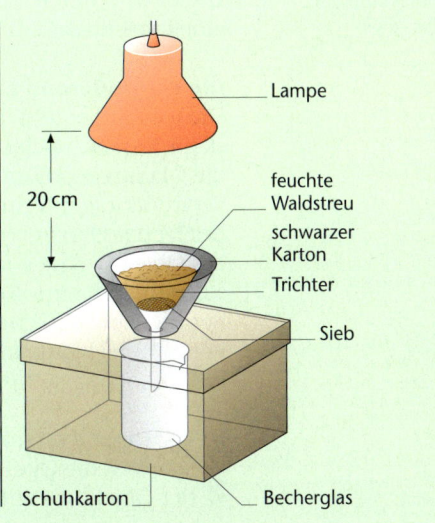

Optische Geräte – das Mikroskop

Umrechnungstabelle mikroskopischer Längeneinheiten

1 Meter (m) = 100 Zentimeter

1 Zentimeter (cm) = 10 Millimeter

1 Millimeter (mm) = 1000 Mikrometer

1 Mikrometer (μm) = 1000 Nanometer (nm)

Berechne:

1 000 000 μm = ? m

3 m = ? mm

20 cm = ? m

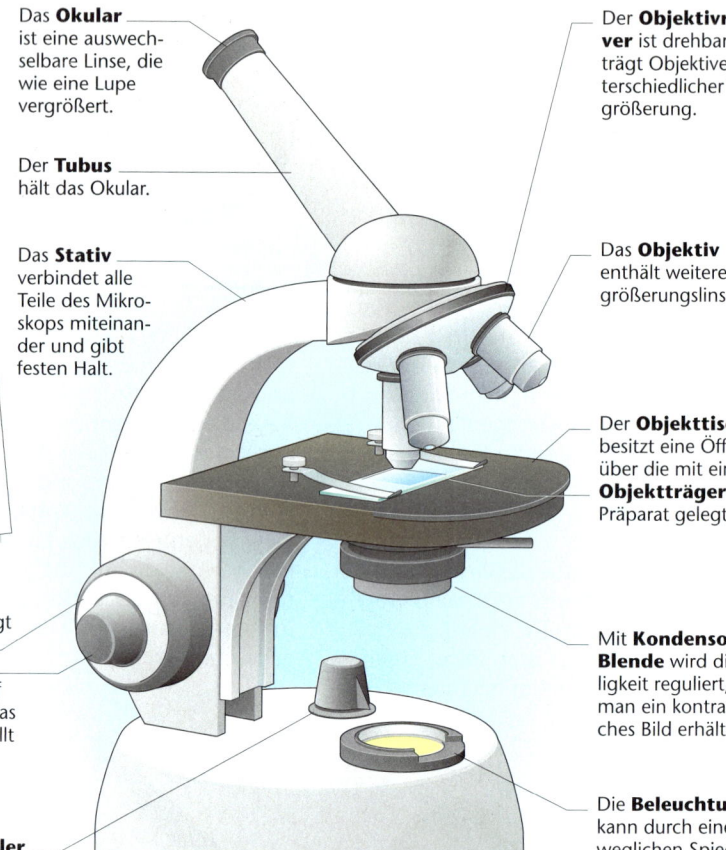

Das **Okular** ist eine auswechselbare Linse, die wie eine Lupe vergrößert.

Der **Tubus** hält das Okular.

Das **Stativ** verbindet alle Teile des Mikroskops miteinander und gibt festen Halt.

Das Triebrad bewegt mit **Grob-** und **Feintrieb** den Objekttisch auf und ab, wodurch das Bild scharf eingestellt wird.

Mit dem **Beleuchtungsregler** stellt man die Helligkeit der Lampe ein.

Der **Objektivrevolver** ist drehbar und trägt Objektive mit unterschiedlicher Vergrößerung.

Das **Objektiv** enthält weitere Vergrößerungslinsen.

Der **Objekttisch** besitzt eine Öffnung, über die mit einem **Objektträger** das Präparat gelegt wird.

Mit **Kondensor** und **Blende** wird die Helligkeit reguliert, damit man ein kontrastreiches Bild erhält.

Die **Beleuchtung** kann durch einen beweglichen Spiegel oder durch eine Lampe erfolgen.

2 Aufbau eines Mikroskops

1 Das Prinzip des Mikroskops

Eine Lupe reicht nicht

Lupen vergrößern Objekte bis zum 16-fachen. Mithilfe eines Mikrokops kannst du sehr kleine Dinge noch viel stärker vergrößern. Es nutzt die Vergrößerungsmöglichkeiten der Lupe gleich doppelt. Das **Objektiv** enthält mehrere Sammellinsen, die ein vergrößertes Bild erzeugen. Dieses wird durch das **Okular** wie durch eine Lupe nochmals vergrößert (▷ B 2).

Die Vergrößerung kann man berechnen

Die Gesamtvergrößerung eines Mikroskops lässt sich berechnen, indem man die Okularvergrößerung mit der Objektivvergrößerung multipliziert. Besitzt das Okular z. B. eine 10-fache und das Objektiv eine 4-fache Vergrößerung, so ergibt sich eine 40-fache Gesamtvergrößerung. Ein Schülermikroskop vergrößert in der Regel bis zu 400-fach, gute Lichtmikroskope sogar bis zu 2 000-fach.

▶ Die Gesamtvergrößerung eines Mikroskops ist die Okularvergrößerung mal der Objektivvergrößerung.

Versuch

1 Besorge dir verschiedene Lupen mit unterschiedlichen Vergrößerungsfaktoren.

a) Betrachte einen kleinen Gegenstand mit den Lupen. Achte auf die unterschiedlichen Vergrößerungen.

b) Halte die Lupe mit der stärksten Vergrößerung über den Gegenstand. Betrachte das Bild dieser Lupe durch eine zweite Lupe (▷ B 1). Dazu musst du die Abstände zwischen der Lupe und dem Gegenstand und zwischen den beiden Lupen so lange verändern, bis du das deutliche Bild siehst.

c) Vergleiche die Vergrößerung, die beide Lupen zusammen erzielen, mit der Vergrößerung jeder einzelnen Lupe.

Werkstatt

Umgang mit dem Mikroskop

Wenn du erfolgreich mit dem Mikroskop arbeiten willst, musst du nach bestimmten Regeln vorgehen. Arbeite stets in der folgenden Reihenfolge.

1 Einstellung des Mikroskops

Material
Mikroskop, Objektträger, auf Folie kopierte Buchstaben, Deckgläschen

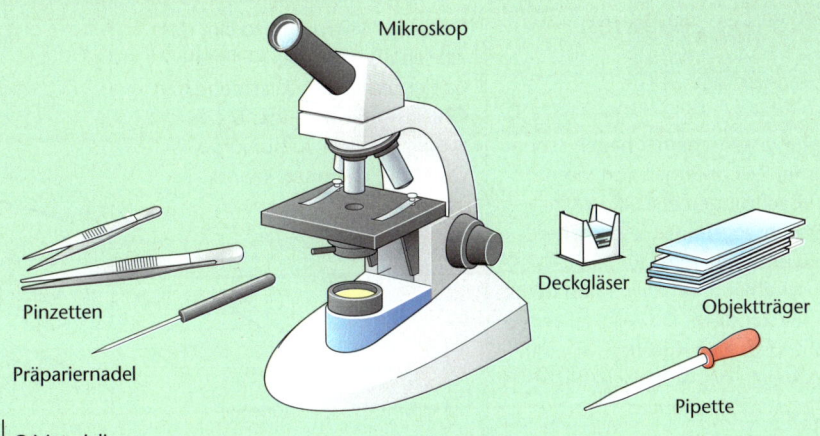

2 Materialien

Versuchsanleitung
a) Mache das Mikroskop betriebsbereit, indem du die Blende nur halb öffnest. Schalte das Licht ein oder richte den Spiegel so aus, dass das Licht durch den Objekttisch scheint. Drehe das Objektiv mit der kleinsten Vergrößerung senkrecht nach unten.
b) Lege den Folienbuchstaben auf den Objektträger und decke ihn mit dem Deckgläschen ab.

1 Folienbuchstaben auflegen

c) Bringe den Objektträger in die Mitte der Objekttischöffnung und klammere ihn fest.
d) Bringe das Objektiv durch Drehen am Grobtrieb möglichst nah an das Deckgläschen. Achtung: Kontrolliere dabei den Abstand des Objektivs zum Objekttisch.
e) Sieh durch das Okular. Bewege den Objekttisch so weit nach unten, bis das Bild scharf erscheint. Regle mit dem Feintrieb nach.
f) Reguliere die Helligkeit mit der Blende. Beschreibe den Bildausschnitt.

g) Wechsle in die nächste Vergrößerung. Sieh durch das Okular und beschreibe die Veränderung. Wähle am Objektivrevolver das Objektiv mit der mittleren Vergrößerung. Stelle das Bild scharf. Korrigiere vorsichtig die Stellung des Präparates in der Mitte der Objekttischöffnung.

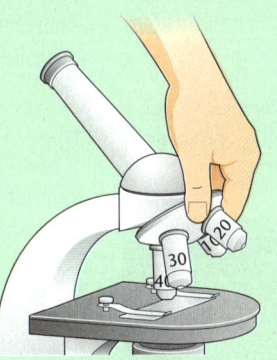

3 Wahl des Objektivs

Was kannst du beobachten, wenn du das Objekt leicht verschiebst?
h) Bewege den Objekttisch nach unten. Wiederhole den Vorgang mit dem Objektiv mit der größten Vergrößerung.

Aufgabe
Vergleiche deine Ergebnisse bei den einzelnen Vergrößerungen. Erkläre, warum es sinnvoll ist, mit der kleinsten Vergrößerung zu beginnen.

Aller Anfang ist schwer. Du hast alles nach Anleitung gemacht, kannst aber trotzdem nichts erkennen?! Mit Geduld und einigen Tipps wirst du aber doch zum Ziel kommen.

Mögliche Fehlerquellen

1. Der Folienbuchstabe liegt nicht genau unter dem Objektiv. Überprüfe nochmals seine Position.

2. Du hast nach der Einstellung des Spiegels das Mikroskop bewegt und damit den Lichtweg verändert. Richte den Spiegel neu ein und verschiebe das Mikroskop nun nicht mehr.

3. Der Objektivrevolver ist nicht eingerastet. Das Objektiv hat sich im Gewinde gelockert.

4. Du drehst zu schnell am Grobtrieb. Versuche es noch einmal ganz langsam und vorsichtig. Wenn du dann einen Schatten erkennst, kannst du das Bild mit dem Feintrieb scharf stellen.

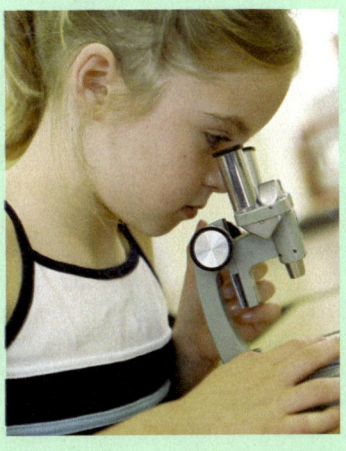

Werkstatt

Richtig zeichnen

Naturwissenschaftler haben schon immer Zeichnungen von ihren Beobachtungen erstellt, um ihre Versuchsergebnisse festzuhalten. So wurden sie auch für Nicht-Wissenschaftler anschaulich und leichter verständlich. Du wirst sehen: Man muss kein Künstler sein, um die Regeln des wissenschaftlichen Zeichnens zu erlernen.

1 Richtig zeichnen

Material
Mikroskop, Bleistift, unliniertes Papier, Zirkel, Millimeterpapier auf Folie (ein Zentimeterquadrat)

Versuchsanleitung
a) Bereite auf einem unlinierten Blatt drei mit dem Zirkel gezogene Kreise vor (Radius = 2,5 cm). Hier wirst du deine Beobachtungen einzeichnen. Beschrifte sie mit den drei möglichen Vergrößerungen (40-fach, 100-fach, 400-fach).

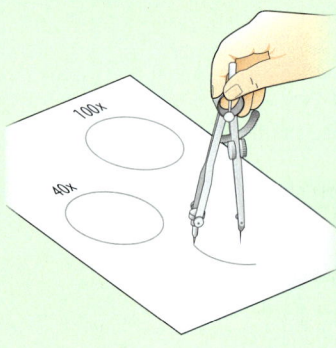

1 Drei Kreise mit dem Zirkel ziehen

Wenn du durch das Okular des Mikroskops blickst, siehst du einen hellen Kreis. Bei manchen Mikroskopen siehst du einen Pfeil, der zur Kreismitte zeigt. Er hilft dir, dich im vergrößerten Bild zu orientieren.

b) Lege das Folienquadrat auf den Objektträger. Bringe den Objektträger in die Mitte der Objekttischöffnung und klammere ihn fest.

Stelle das Mikroskop so ein, dass ein scharfes Bild des Millimeterpapiers entsteht. Verschiebe den Objektträger so lange, bis du möglichst viele vollständige Quadrate erkennen kannst.

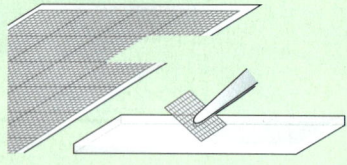

2 Millimeterpapier auflegen

c) Zähle nach, wie viele Quadrate sich in der Waagerechten und in der Senkrechten befinden. Schätze ab, in welcher Größe du die Quadrate in deine Zeichnung bzw. in den Kreis einzeichnen kannst.

d) Zeichne die Quadrate ein. Achte darauf, dass in deiner Zeichnung das Verhältnis zwischen der Dicke der Linien und der Größe der freien Flächen stimmt. Die Linien sind jetzt nicht mehr nur dünne Striche.

e) Sieh immer wieder durch das Okular und vergleiche das Original mit deiner Zeichnung.

3 Eine Zeichnung anfertigen

f) Verfahre nun ebenso bei den anderen Vergrößerungen. Korrigiere immer erst vorsichtig die Stellung des Objektträgers, bevor du zu zeichnen beginnst, damit der Bildausschnitt gut gewählt ist.

Achtung
Es kann sein, dass du bei der stärksten Vergrößerung nichts siehst, obwohl du alle Regeln beachtet hast.
Das Millimeterquadrat ist jetzt stark vergrößert. Vielleicht siehst du nur die freie Fläche zwischen den Linien, weil sich die Millimeterstriche aufgrund der starken Vergrößerung nicht mehr im Bild befinden.
Verschiebe den Objektträger vorsichtig, bis du wieder eine Linie findest.

Tipp:
1. Stelle dir im Mikroskop die Stundenzeiger einer Uhr vor. Du kannst dann besser kontrollieren, ob eine Linie wirklich dort liegt, wo du sie hingezeichnet hast.

2. Zeichne mit lockerem, leichtem Strich, ohne zu drücken.

3. Zeichne das Wesentliche, nicht jede Einzelheit. Such nach Mustern, die sich wiederholen.

3. Achte auf die Stellung der Linien zueinander.

4. Vergleiche deine Zeichnung immer wieder mit dem Bild im Mikroskop. Stimmt die Größe in der Zeichnung? Zeichnest du genauso viele Teile wie du im Okular siehst?

Aufgabe
Übe das mikroskopische Zeichnen an Präparaten von Moosblättchen und Zwiebel.

Werkstatt

Herstellen eines Präparates

Proben, die mit dem Mikroskop untersucht werden sollen, müssen vorbereitet werden. Dafür benötigst du verschiedene Arbeitsgeräte. Geh mit allen Geräten vorsichtig um, damit du dich und andere nicht verletzt.

1 Wir untersuchen Zellen der Mundschleimhaut

Material
Mikroskop, Deckgläschen, Objektträger, Pipette, Wasser, Teelöffel, 0,1 %ige Methylenblaulösung, Filterpapier

Versuchsanleitung
Schabe mit dem Löffel an der Innenseite deiner Wangen entlang. Gib einen Tropfen der Speichelflüssigkeit auf den Objektträger und lege ein Deckgläschen auf. In der Flüssigkeit sind viele Zellen deiner Mundschleimhaut enthalten, die jedoch erst nach Anfärbung mit Methylenblau deutlich zu erkennen sind (siehe Versuch 4). Die Zellkerne sind dunkelblau gefärbt, während das Plasma deutlich heller ist. Zellwände fehlen. Dafür umschließt eine Membran jede Zelle. Im Mund verbinden sich die einzelnen Zellen zu einem dichten Gewebe. Stelle den Durchmesser einer Zelle fest.

2 Zellen in Moosblättchen

Material
Verschiedene Moospflanzen, Pinzette, Deckglas, Objektträger, Mikroskop, Pipette, Wasser, Filterpapier, Zeichenpapier, Bleistift, Buntstifte

Versuchsanleitung
Moose finden wir im Rasen, im Wald und an vielen anderen Standorten. Bei vielen Moosarten liegen die Zellen in den Blättchen nur in einer einzigen Schicht. Deshalb kann man sie sehr gut untersuchen. Die Moose sollten vor der Untersuchung sehr viel Licht bekommen haben.

1 Zu Versuch 2

Zupfe ein junges Blättchen aus der Spitze des Zweiges und fertige ein Flüssigkeitspräparat wie in Abbildung 1 an. Du kannst die Chloroplasten bei der mikroskopischen Untersuchung sehr gut erkennen. Fertige eine Zeichnung an.

3 Schnittpräparat der Zwiebelhaut

Material
Zwiebel, Messer, Rasierklinge (auf einer Seite abgeklebt), Pinzette, Pipette, Objektträger, Deckgläschen, Küchenpapier, Filterpapier

Versuchsanleitung
a) Lege die Arbeitsgeräte bereit und zerschneide die Zwiebel.
b) Löse eine Zwiebelschuppe heraus.
c) Schneide die Zwiebelschuppe mit dem Skalpell oder einer Rasierklinge ein (▷ B 2).

2 Einschneiden der Zwiebelhaut

d) Gib mit der Pipette einen Tropfen Wasser auf den Objektträger.
e) Löse mit der Pinzette das Stück der Zwiebelhaut heraus (▷ B 3).
f) Lege das Zwiebelhäutchen in den Wassertropfen auf den Objektträger (▷ B 3). Decke es mit dem Deckgläschen ab und sauge das überschüssige Wasser ab.

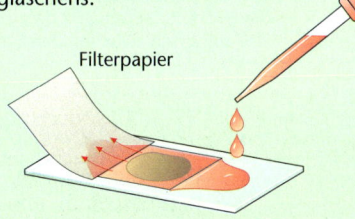

3 Zwiebelhäutchen auflegen

Aufgabe
Untersuche dein Präparat und zeichne es ab.

4 Färben von Präparaten

Material
Wie bei Versuch 2, rote Tinte, ein Streifen Filterpapier (1 cm x 5 cm)

Versuchsanleitung
a) Stelle ein Zwiebelhautpräparat her.
b) Gib einen Tropfen der Farblösung an den Rand des Deckgläschens.

4 Auftropfen der Tinte

c) Lege das Filterpapier auf der anderen Seite des Deckgläschens an (▷ B 4). Sauge auf diese Weise den Farbstoff durch das Präparat. Entferne das Papier, wenn das Präparat deutlich angefärbt ist. Betrachte nun das angefärbte Präparat mit dem Mikroskop. Welchen Vorteil hat die Färbetechnik?

Die Pflanzenzelle

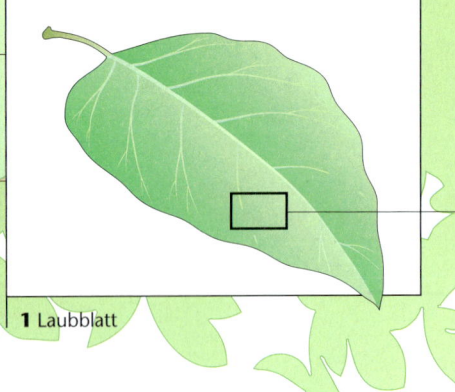

1 Laubblatt

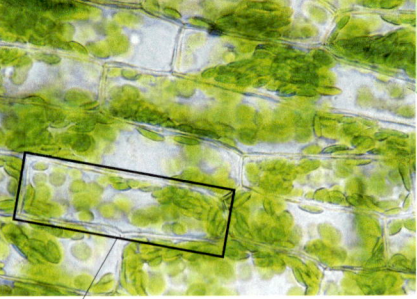

2 Blatt, Längsschnitt

Die **Blattgrünkörner** (Chloroplasten) dienen der Pflanzenzelle dazu, Nährstoffe herzustellen. Es gibt aber auch Pflanzenzellen ohne Blattgrünkörner.

Die Pflanzenzelle wird von einer dicken **Zellwand** umschlossen. Die Zellwand gibt der Zelle Festigkeit.

Die Zellwände stehen durch **Tüpfel** miteinander in Verbindung. Diese ermöglichen den Transport von Stoffen von Zelle zu Zelle.

Der **Zellkern** steuert alle Vorgänge in der Zelle.

Die Zelle ist mit flüssigem **Zellplasma** ausgefüllt, in das die anderen Zellbestandteile, wie Zellkern oder Blattgrünkörner, eingelagert sind.

Der Innenseite der Zellwand liegt die **Zellmembran** an. Diese Membran reguliert den Stoffaustausch zwischen den Zellen.

In den **Vakuolen** oder Zellsafträumen werden verschiedene Stoffe gelagert: Öle, Farbstoffe, Duftstoffe und auch Abfallstoffe, die nicht nach außen transportiert werden können.

Die Pflanzenzelle

Betrachtest du einen Teil eines Laubblattes unter dem Mikroskop, so kannst du die einzelnen Zellen erkennen (▷ B 2).
Bei einer starken Vergrößerung entdeckt man in den Zellen viele kleine Zellbestandteile, die **Zellorganellen** genannt werden. Zu den Zellorganellen gehören z. B. der **Zellkern**, die **Blattgrünkörner** und die **Vakuole**.
Jede Zelle ist ein kleines Wunderwerk der Natur: Nur wenn die kleinen Zellorganellen richtig zusammenarbeiten, kann die Zelle leben. Zellen können sehr unterschiedlich gebaut sein.

▶ Die wesentlichen Bestandteile einer Pflanzenzelle sind:

– Zellkern
– Vakuole
– Zellplasma
– Blattgrünkörner bei grünen Pflanzen
– Zellwand
– Zellmembran

Aufgabe

1 Alle Lebewesen sind aus Zellen aufgebaut. Informiere dich über den Unterschied von Einzellern und Mehrzellern.

Die Tierzelle

Die Tier- und Menschenzelle
Die Zellen von Mensch und Tier weisen drei wesentliche Unterschiede zu Pflanzenzellen auf: Die Mundschleimhautzellen, z. B., besitzen keine **Zellwand**, sondern nur eine dünne **Zellmembran** (▷ B 3). Sie haben keine Blattgrünkörner und meist keine Vakuole.
Jede Zelle erfüllt eine ganz bestimmte Aufgabe. Zellen, die gleiche Aufgaben in einem Körper erfüllen, werden **Gewebe** genannt.

Ein Beispiel ist das Muskelgewebe. Verschiedene Gewebe bilden zusammen ein **Organ**. Die Haut des Menschen ist aus verschiedenen Geweben aufgebaut und wird deshalb ein Organ genannt.

▶ Im Unterschied zu Pflanzenzellen besitzen Menschen- und Tierzellen keine Blattgrünkörner, keine Zellwand und meist keine Vakuolen.

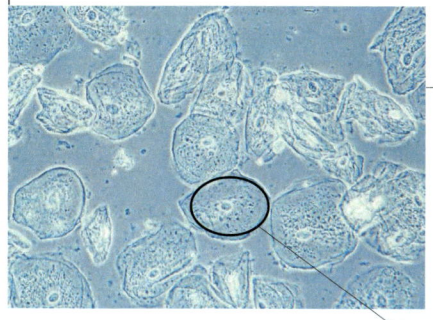

3 Mundschleimhaut

4 Mund

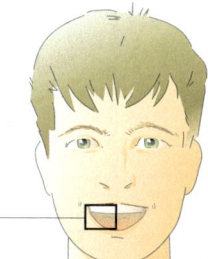

Die **Zellmembran** schließt die Tierzelle nach außen hin ab und kontrolliert den Stoffaustausch zwischen den Zellen.

Der **Zellkern** regelt auch in der Tierzelle alle Lebensvorgänge.

Das **Zellplasma** füllt die gesamte Zelle aus.

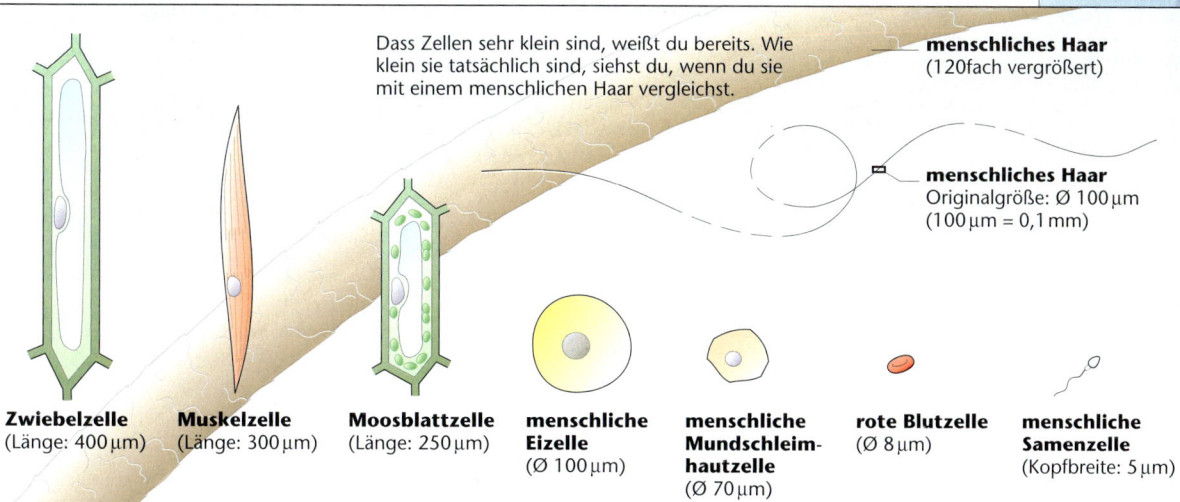

Dass Zellen sehr klein sind, weißt du bereits. Wie klein sie tatsächlich sind, siehst du, wenn du sie mit einem menschlichen Haar vergleichst.

menschliches Haar (120fach vergrößert)

menschliches Haar Originalgröße: Ø 100 µm (100 µm = 0,1 mm)

Zwiebelzelle (Länge: 400 µm)

Muskelzelle (Länge: 300 µm)

Moosblattzelle (Länge: 250 µm)

menschliche Eizelle (Ø 100 µm)

menschliche Mundschleimhautzelle (Ø 70 µm)

rote Blutzelle (Ø 8 µm)

menschliche Samenzelle (Kopfbreite: 5 µm)

5 Verschiedene Zellen im Vergleich

Lexikon

Die Welt der Kleinstlebewesen

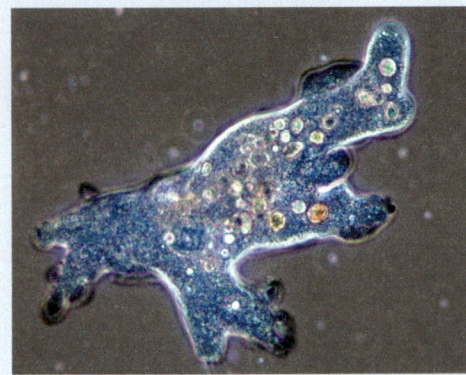

Amöben sind einzellige Lebewesen. Man findet sie besonders häufig in Schlammproben. Ihr Körper hat keine dauerhaft gleich bleibende Form. Sie sind farblos. Ihre Bewegungen sind äußerst langsam und mit dem Begriff „fließend" am besten zu beschreiben. Der Zellkörper hat keine feste Haut und ermöglicht dadurch eine ständig wechselnde Gestalt. Die Amöbe wird daher auch „Wechseltierchen" genannt.

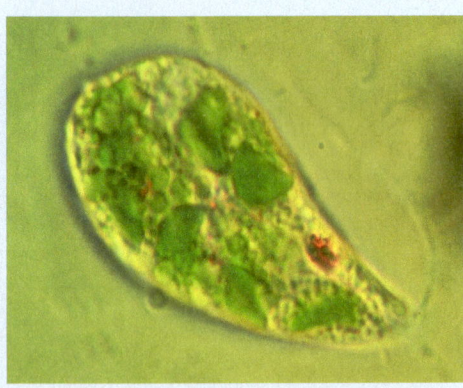

Augentierchen sind ca. 0,1 mm groß und bevölkern nährstoffreiche Kleingewässer. Ihr Name rührt von dem roten Augenfleck her.

Augentierchen besitzen eine kleine und eine große Geißel, mit deren Hilfe sie sich fortbewegen können. Ein Teil der kleinen Geißel ist lichtempfindlich.

Das Augentierchen kann so hell und dunkel unterscheiden und sich dem Licht zuwenden. Augentierchen besitzen sowohl Eigenschaften von Pflanzen als auch von Tieren.

Das Augentierchen ist grün wie eine Pflanze und kann sich mithilfe des Blattgrünfarbstoffs selbst ernähren.
Bei langer Dunkelheit verliert es die grüne Farbe jedoch und lebt dann wie ein Tier. Es ernährt sich von anderen Lebewesen, „frisst" also seine Nahrung.

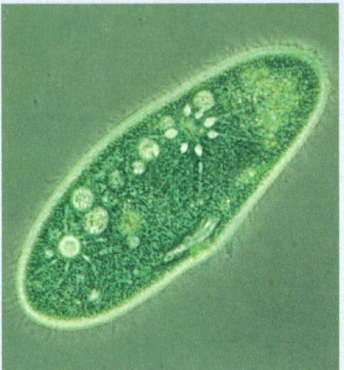

Pantoffeltierchen sind ca. 0,3 mm große Einzeller. Es lebt vor allem in fauligem Wasser. Sein Körper hat die Form eines Pantoffels, der ringsum von einem Kranz feiner Wimpern umgeben ist.
Wie alle Lebewesen zeigt auch das Pantoffeltierchen alle Kennzeichen des Lebendigen. Es kann sich bewegen und reagiert auf Reize aus seiner Umwelt. Es hat einen Stoffwechsel, nimmt also Nahrung auf und scheidet die Reste aus, wächst und vermehrt sich.
Bei starker Vergrößerung lässt sich das Pantoffeltierchen nur schwer beobachten, weil es relativ schnell durch das Bild „schwimmt".

Hüpferlinge sind Mehrzeller. Sie gehören zu den Ruderfußkrebsen. Hüpferlinge haben einen birnenförmigen Körper und deutlich erkennbare Antennen. Bei den Weibchen sitzen am Hinterleib zwei Eisäcke. Da sich die Tiere

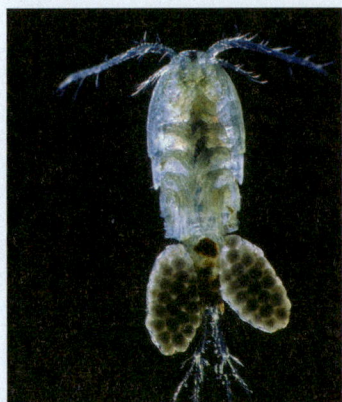

besonders im Winter vermehren, sind sie in dieser Zeit eine wichtige Nahrungsgrundlage für die Fische im See.

Einzellige **Grünalgen** bilden grüne Beläge auf Steinen oder Baumrinde. Von diesen Lebewesen gibt es zahlreiche Arten in den schönsten Formen.
Sie enthalten Blattgrün wie ihre großen, vielzelligen Verwandten, bestehen allerdings nur aus einer einzigen Zelle. Trotzdem haben sie einen vollständig funktionierenden Organismus. Einzellige Pflanzen sind als Nährstofflieferanten die Lebensgrundlage der Wassertiere.

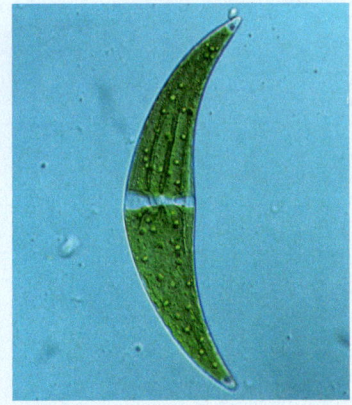

In mittelstark verunreinigten Gewässern findet man die **Säbelalge**. Nur bestimmte Pflanzen und Tiere können hier leben. Die Säbelalgen, man nennt sie auch Mondalgen, sind biologische Anzeiger für diese Gewässergüte.

Werkstatt

Lebewesen im Wassertropfen

Im Grundwasser leben in völliger Dunkelheit auf engem Raum sehr viele Lebewesen. Sie helfen uns, das Trinkwasser aufzubereiten. Du kannst hier Einzeller wie Bakterien und Amöben, mehrzellige Organismen wie Hüpferlinge, Würmer, Milben, Krebse, Asseln und viele andere finden.

1 Leben im Verborgenen – Lebewesen im Wasser

Material
Mikroskop, Becherglas, Pipette, Objektträger mit Vertiefung oder Petrischale, Deckgläschen, Grundwasserprobe

Versuchsanleitung
Die Lebewesen im Grundwasser werden im Wasserwerk herausgefiltert. Frage bei deinem zuständigen Wasserwerk an, ob du eine Probe aus dem Filter bekommen kannst.
a) Bewahre die Probe im Kühlschrank auf, bis sie benötigt wird. Wenn du keine Probe aus dem Wasserwerk bekommst oder selbst Proben sammeln möchtest, kannst du Brunnenwasser (Spielplätze) durch feinmaschige Netze pumpen und die dort gefangenen Tiere in einen Behälter spülen. Deine Klasse könnte das bei einem Unterrichtsgang oder Wandertag zusammen erledigen.

b) Bereite deinen Arbeitsplatz aufs Mikroskopieren vor.
Entnimm vom Grund der Wasserprobe einige Tropfen mit der Pipette. Gib sie in die Vertiefung des Objektträgers und beginne mit der kleinsten Vergrößerung zu beobachten. Wenn sich die Tiere zu schnell bewegen, kannst du Wattefäden hinzufügen. Lasse die Tiere nicht zu lange unter dem Mikroskop, da sie die Wärme der Lampe nicht lange vertragen. Setze sie nach der Stunde möglichst wieder zurück in ein natürliches Gewässer.

Aufgaben
1. Beschreibe, wie der Lebensraum Grundwasser aussieht. Verwende dabei geeignete Adjektive, dass man sich den Lebensraum gut vorstellen kann.

2. Stelle zusammen, wie Lebewesen an den Lebensraum Grundwasser angepasst sind. Hast du Vermutungen dazu, wie sich Lebewesen in diesem Lebensraum orientieren können?

3. Versuche, in Lexika oder im Internet Informationen und Bilder zu finden.

2 Wir mikroskopieren Amöben

Material
Wasserprobe, Lichtmikroskop, Pipette

Versuchsanleitung
Übertrage mit der Pipette einen Tropfen der Probe auf einen Objektträger. Stelle das Mikroskop so ein, dass du die Amöben beobachten kannst.
Da sich Amöben nur ganz langsam bewegen und außerdem fast durchsichtig sind, musst du sehr sorgfältig nach ihnen suchen.

3 Auf der Jagd nach Pantoffeltierchen

Material
Wasserprobe, Präparierbesteck, Objektträger mit Vertiefung, einige Tropfen Tapetenkleister, Watte

| **1** Auftropfen der Probe

Versuchsanleitung
Entnimm aus der Probe mit der Pipette einen Tropfen Wasser (▷ B 1). Untersuche die Probe unter dem Mikroskop.
Da sich die Pantoffeltierchen relativ schnell bewegen, müssen sie etwas gebremst werden. Du kannst sie besser beobachten,

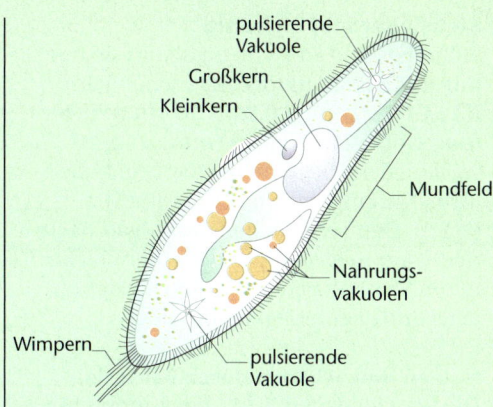

| **2** Pantoffeltierchen

wenn du etwas Kleister oder einige Wattefäden auf den Objektträger gibst.
Fertige eine Zeichnung an.

4 Wir suchen Augentierchen und Grünalgen

Material
Grünes Wasser aus dem Blatttrichter einer Bromelie oder dem Gartenteich, Pipette

Versuchsanleitung
Entnimm mit der Pipette abgestandenes Wasser aus dem Bromelientrichter. Bringe die Probe vorsichtig auf den Objektträger.
Du findest die verschiedensten Formen einzelliger grüner Pflanzen und vielleicht auch Augentierchen.

| **3** Bromelie

Aufgaben
1. Erstelle bei jedem Versuch einfache Zeichnungen der beobachteten Einzeller und beschrifte sie.

2. Wenn du weitere Einzeller findest, versuche, mithilfe von Lexika herauszufinden, um welche Lebewesen es sich handelt.

Bakterien und Viren

Klein, aber sehr vielseitig
Bakterien sind so klein, dass man sie nur mit speziellen Mikroskopen sehen kann. Ihre Größe beträgt 0,2 bis 50 Mikrometer (µm; wobei 1 µm = 0,001 mm). Es gibt verschiedene Bakterienformen: Stäbchenform, Schraubenform, Kugelform u. a. (▷ B 3). Den Feinbau der einzelligen Bakterien kann man sehr gut mit einem Elektronenmikroskop erkennen. Bild 4 zeigt dir den Aufbau einer Bakterienzelle.

Nutzen und Schaden durch Bakterien
Die verschiedenen Bakterien können für den Menschen sowohl nützlich als auch gefährlich sein. Manche Bakterien helfen uns z. B. bei der Herstellung von Lebensmitteln wie Jogurt, Quark oder Käse.
In der Biotechnologie ist es möglich, mithilfe von Bakterien das für Diabetiker lebenswichtige Insulin herzustellen.
Andere Bakterien machen uns krank. Sie verursachen Krankheiten wie Diphterie, Keuchhusten oder Cholera.

▶ Bakterien sind winzige Einzeller. Sie können Krankheiten verursachen, aber auch den Menschen nützen.

Viren können sehr gefährlich sein
Viren sind noch viel kleiner als Bakterien. Ein Grippevirus ist nur noch ca. 100 Nanometer (nm) groß. Ein Nanometer ist gleich einem millionstel Millimeter (1 nm = 0,000 001 mm).
Viren bestehen hauptsächlich aus Erbmaterial und einer oder mehreren Eiweißhüllen (▷ B 1). Sie verursachen gefährliche Krankheiten wie Grippe, Kinderlähmung, Pocken, Mumps und AIDS.

Für die Fortpflanzung benötigen Viren lebende Zellen, denen sie ihr Erbmaterial einfügen. Diese Zellen produzieren dann so lange Viren, bis sie absterben und platzen. Die neu gebildeten Viren befallen weitere Zellen und sorgen so dafür, dass der Körper ständig neue Viren herstellt.

▶ Viren bestehen aus Erbmaterial und Proteinhüllen. Für ihre Fortpflanzung nutzen sie Wirtszellen.

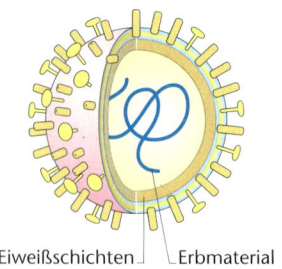

1 Aufbau eines Virus

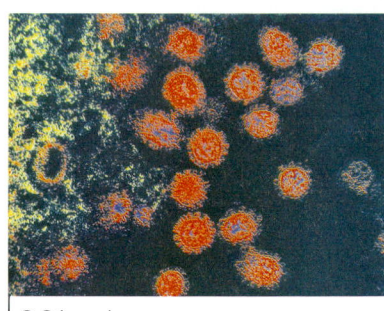

2 Grippeviren

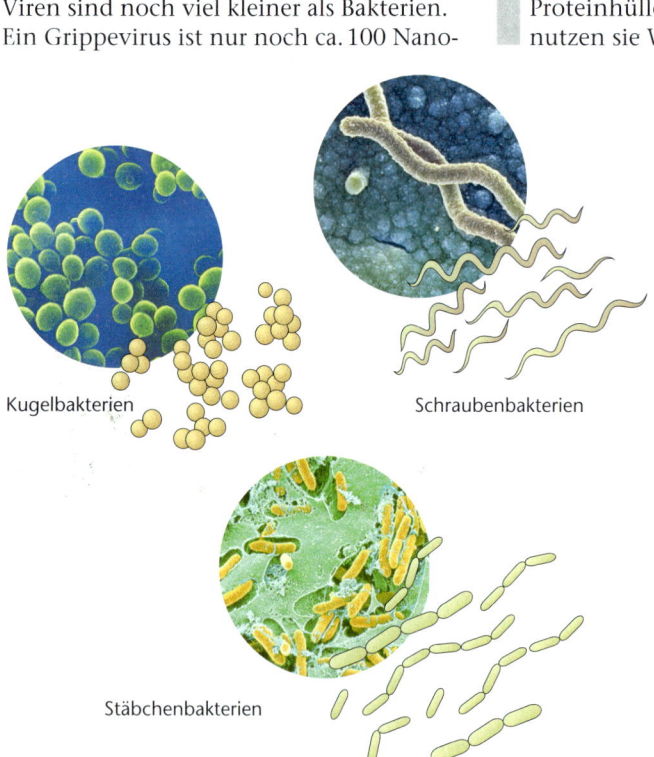

3 Bakterien in verschiedenen Formen

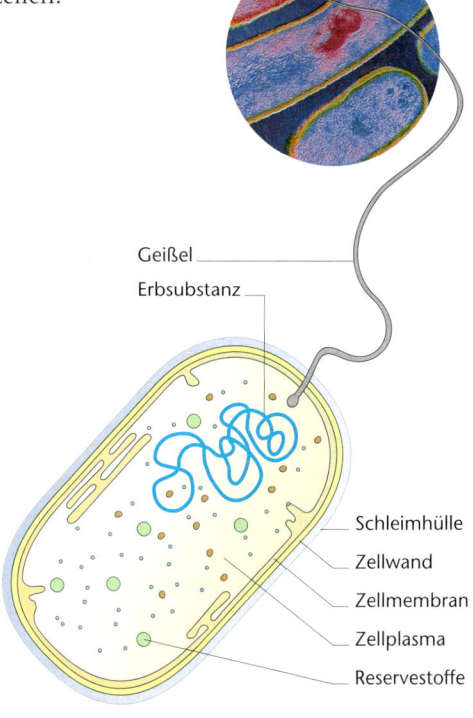

4 Aufbau eines Bakteriums

22

Schnittpunkt

Von der Lupe bis zum Rasterelektronenmikroskop

Lesesteine
Wenn Menschen älter werden, brauchen die meisten irgendwann eine Brille zum Lesen. Als erste vergrößernde Lesehilfen wurden ab dem Jahr 1000 nach Christus grob bearbeitete Bergkristalle verwendet, die mühsam über jede Zeile geschoben werden mussten. Diese Idee des arabischen Mathematikers und Astronomen Alhazen gelangte um 1240 nach Europa. So konnten auch ältere Mönche wieder Texte lesen. Ab etwa 1285 befestigte man geschliffene Halbedelsteine, Berylle, an einem Drahtgestell vor den Augen. Von dieser italienischen Erfindung stammt auch der Name unserer heutigen Brille (Beryll = Brill).

1 Beryll

Lupen
Auch bei Handwerkern mussten für Feinarbeiten Vergrößerungen bewerkstelligt werden oder Licht auf dem Werkstück konzentriert werden. Dies schaffte man durch wassergefüllte Glaskugeln, so genannte Schusterkugeln. Größere bearbeitete und gefasste Bergkristalllinsen dienten als Lupen. Die Einführung von Glas als Material für Lupen machte diese für viele Menschen bezahlbar. Mit diesen Geräten kann man nicht mehr als 16-fach vergrößern.

2 Schusterkugel

3 Antoni van Leeuwenhoek

Lichtmikroskope
Im 16. Jahrhundert kam man auf die Idee, die Wirkung von Lupen zu vervielfachen, indem man sie übereinander anbrachte. Eine davon in Augennähe als Okular, eine in der Nähe des Untersuchungsobjekts, als Objektiv. Einfache Mikroskope mit zwei Linsen brachten es maximal auf eine 300-fache Vergrößerung.
Das bekannteste Beispiel dieser Bauart ist das Mikroskop von Antoni van Leeuwenhoek (1632–1723). Wer genau für die Erfindung des zusammengesetzten Mikroskops verantwortlich ist, lässt sich nicht mehr sicher nachweisen. Mit einem modernen Lichtmikroskop kann man bis zu 2000-fach vergrößern. In dieser Vergrößerung lassen sich Zellen und Bakterien sehr genau erkennen.

Rasterelektronenmikroskope (REM)
Mit Licht stößt man bald an die Grenzen der Vergrößerungsmöglichkeiten. Objekte, die kleiner als 0,2 Mikrometer (µm) sind, lassen sich nicht mehr unterscheiden. Verwendet man an Stelle von Licht eine andere Technik, so kann man deutlich mehr Einzelheiten erkennen. Mit Elektronenmikroskopen kann man bis zu 1 000 000-fach vergrößern. Die Objekte erscheinen allerdings nicht in ihren natürlichen Farben und die Aufbereitung der Proben ist sehr aufwändig. Rasterelektronenmikroskope gibt es seit dem Jahr 1938, seitdem wurden sie ständig verbessert.

4 Menschenfloh (REM)

Aufgabe
1 a) Lege eine Tabelle an, in der du die Vergrößerungseigenschaften der beschriebenen Geräte zusammenstellst.
b) Beschreibe die Vor- und Nachteile.

Mikroorganismen in der Lebensmittelherstellung

Limonade ist nicht gleich Limonade

Limonade ist normalerweise ein stark gezuckertes Getränk mit Fruchtgeschmack. Zusätzlich werden Säuren hinzugegeben, welche die Limonade haltbar machen, aber auch die Zähne angreifen.
Bei der Bio-Limonade nutzt man Bakterien, um mit weniger Zucker und Säure auszukommen.

Herstellung von Bio-Limonade

Zur Herstellung von Bio-Limonade braucht man fast die gleichen Ausgangsstoffe wie zur Herstellung von Bier. Eingesetzt werden Wasser und Gerstenmalz, geröstete und geschrotete Gerstenkörner. Das Gerstenmalz wird mit heißem Wasser in großen Sudkesseln gekocht und dann filtriert. Wenn dieser Sud abgekühlt ist, werden Bakterien zugesetzt und die Flüssigkeit wird in große Fermentationstanks gepumpt. Nach etwa zwei Wochen entfernt man die Bakterien wieder durch Filtration. Danach können Aromen zugesetzt werden, um die gewünschte Geschmacks-

2 Braukessel

richtung zu erreichen. Nach dem Abfüllen und Etikettieren der Flaschen kannst du dich dann erfrischen.

Das Geheimnis von Bakterien und Co.

Bakterien in der Limo? Das klingt nach einer Schlagzeile in der Zeitung! Keine Panik, die Bakterien gehören nicht zu der Sorte, die dich krank machen könnte. Bakterien, Hefen und Pilze bezeichnet man als Mikroorganismen, ohne ihre Hilfe müssten wir auf etliche Lebensmittel verzichten.

Zur Herstellung der Bio-Limonade werden bestimmte Bakterien verwendet. Diese wandeln den Zucker aus der Gerste zum Teil in Gluconsäure. Die Säure behindert das Wachstum von Bakterien, die die Limonade verderben lassen können. Außerdem schmeckt der übrige Zucker zusammen mit Gluconsäure sehr viel süßer. Man braucht also keinen zusätzlichen Zucker.

Um Bakterien zu ersetzen, müsste man eine sehr große Fabrikanlage einsetzen und sehr viel Energie aufwenden.

▶ Mikroorganismen helfen bei der Lebensmittelproduktion.

Gerste

Wasser

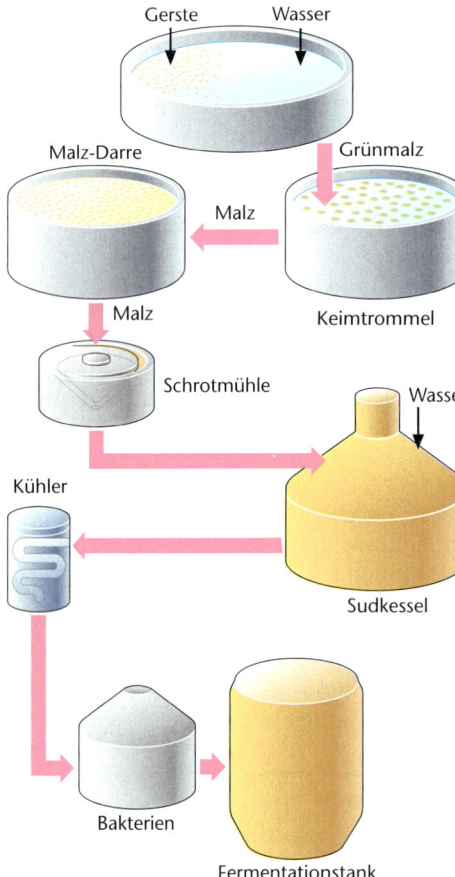

1 Herstellung von Bio-Limonade

Aufgabe

1 Verfasse mit den Informationen aus dem Text Steckbriefe der verwendeten Mikroorganismen.

2 Suche weitere Beispiele von Lebensmitteln, bei deren Herstellung Mikroorganismen beteiligt sind.

3 Gib den Herstellungsprozess einer Bio-Limonade mithilfe des Flussdiagramms in Abbildung 1 mit deinen eigenen Worten wieder.

Werkstatt

Lebensmittel selbst hergestellt

Führe folgende Versuche zuhause oder in der Schulküche durch. Du musst auf jeden Fall auf Sauberkeit und Hygiene achten.

Zur Herstellung von Jogurt benötigst du Milchsäurebakterien, die man im Reformhaus kaufen kann. Man kann aber auch Bakterienstämme aus Naturjogurt verwenden.

1 Wir stellen Jogurt her
Material
1 l frische Milch oder H-Milch (sie muss nicht mehr erhitzt werden) Thermometer, Kochtopf, Elektroplatte, frischer Naturjogurt, Wärmegerät (Backofen, Jogurtbereiter) Topflappen, Topfuntersetzer

Versuchsanleitung
Gib die Milch in einen Kochtopf und erhitze sie langsam auf genau 90 °C.
Kontrolliere die Temperatur ständig mit dem Thermometer. Lass sie anschließend wieder auf 42 °C abkühlen. (H-Milch muss nur auf 42 °C erhitzt werden.)

Gib pro Liter 2 Esslöffel Naturjogurt zu der warmen Milch (▷ B 1). Nimm dabei nicht die oberste Schicht.
Rühre den Jogurt gut ein und verteile die Milch nun auf saubere Schraubdeckelgläser. Stelle sie in das auf 42 °C vorgeheizte Wärmegerät.

Nach 3 bis 4 Stunden ist der Jogurt fertig.

| 1 Jogurt einfüllen

Mit dem folgenden Rezept kannst du Brötchen, Baguettebrot oder ein Weizenbrot herstellen.

Die Teigzubereitung ist bei allen drei Brotsorten gleich.

2 Wir backen Brot
Material
500 g Weizenmehl, 40 g frische Hefe, 0,25 l lauwarmes Wasser, 1 TL Zucker, 1 TL Salz, kleine und große Schüssel, Kochlöffel, sauberes Leinentuch, Unterlage zum Kneten, Küchentücher, Backpapier

| 2 Zutaten mischen

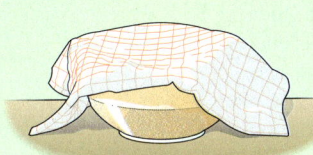

| 3 Teig „gehen" lassen

| 4 Teig kneten

Versuchsanleitung
Verrühre in einer kleinen Schüssel zerkrümelte Hefe mit Zucker und etwas lauwarmem Wasser.

Gib das Mehl in die große Schüssel und drücke eine Vertiefung hinein.
Gib das Wasser-Zucker-Hefe-Gemisch in die Vertiefung (▷ B 2),

füge dann Salz und das restliche Wasser hinzu. Knete den Teig mit sauberen Händen durch, bis er geschmeidig ist und keine Blasen mehr wirft. Er sollte sich gut von der Unterlage ablösen. Decke die Rührschüssel mit einem Leinentuch ab. Nun muss der Teig ein bis drei Stunden „gehen", bis er doppelt so groß geworden ist (▷ B 3). Knete den Teig noch einmal kurz durch (▷ B 4).

3 Vorbereitung des Backofens
Material
Vorgeheizter Backofen, Tasse, Wasser

| 5 Brot backen

Versuchsanleitung
Heize den Ofen zuerst auf der höchsten Stufe vor, stelle dann erst die Backtemperatur ein.

Forme aus dem Teig Baguettestangen und lege sie auf ein mit Backpapier ausgelegtes Backblech. Bestreiche die Brote mit Wasser. Stelle eine mit Wasser gefüllte Tasse in den Ofen, damit sich Wasserdampf entwickelt (▷ B 5). Durch den Wasserdampf werden die Brote außen knusprig und innen weich. Die Backzeit beträgt etwa 15 Min. bei 240 °C.

Strategie
Modelle entwickeln

Im Alltag spricht man z. B. von Automodell oder Modelleisenbahn. Modelle sind meist verkleinerte, vereinfachte Abbildungen eines Originals, die nur einen Teil der Wirklichkeit wiedergeben.
Sie sind nur in einem bestimmten Bereich gültig. Modelle werden immer wieder verändert, wenn neue Erkenntnisse zur Verfügung stehen. Dieses Weiterentwickeln von Modellen ist eine typische Arbeitsweise der Naturwissenschaftler.

A. Modell und Original
Du musst nicht immer in die Natur gehen, um

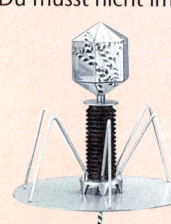

das Original zu betrachten. Manchmal sind die Originale auch einfach zu klein, um sie anschauen zu können. **Anschauungsmodelle** wie das Virenmodell geben die Baumerkmale möglichst naturgetreu wieder. Auch Pflanzen oder Tiere können modelliert werden. **Funktionsmodelle** helfen, den Zusammenhang zwischen Bau und Funktion des Originals, z. B. eines Organs, zu erleichtern. Solche Modelle gibt es zu den Gelenken oder zum Blutkreislauf.

B. So hilft dir ein Modell

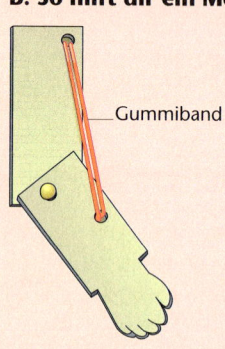

Gummiband

Der Begriff „Modell" wird im Alltag und in den Naturwissenschaften verwendet. Modelle sollen helfen, Bekanntes zu erklären oder anschaulicher zu machen oder Unbekanntes aufzuklären und Voraussagen zu treffen. Sich eigene Modelle auszudenken und dann zu basteln, macht den Aufbau und die Funktion biologischer Objekte besonders verständlich. So kannst du theoretisch erworbenes Wissen wirklich „begreifen".

C. Modell konkret
- Zuerst musst du dir das Objekt oder den Teil davon, z. B. eine Zelle, genau anschauen.
Kannst du dein Objekt nicht in Wirklichkeit anschauen, besorge dir genaue Abbildungen, Fotos oder Grafiken davon.

- Überlege dir nun, welche Materialien sich zum Bau deines Modells am besten eignen. Soll es ein Anschauungsmodell werden? Dann solltest du die Materialien so originalgetreu wie möglich wählen. Willst du eine Funktion darstellen? Welche Stoffe sind dann besonders gut geeignet, um den Vorgang anschaulich werden zu lassen?

- Nutze Material, das in jedem Haushalt, im Bastelbedarfsgeschäft oder im Baumarkt erhältlich ist. Lege dir eine „Bastelkiste" mit solchen Baumaterialien an.

- Jetzt kann es losgehen. Baue mithilfe der abgebildeten Materialien oder eigenen Ideen eine Pflanzenzelle.

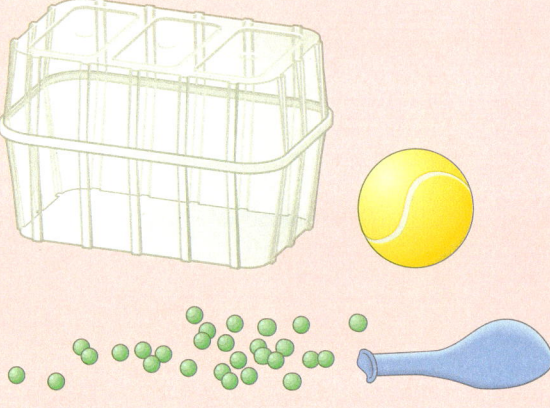

Erkläre deinen Klassenkameraden, was du dir beim Bau deines Modells gedacht hast. Wo können sie Entsprechungen zwischen Original und Modell erkennen?
Du kannst dein Modell jederzeit weiter ausbauen, verfeinern und mit weiteren Details versehen. Das tun Naturwissenschaftler auch.

Impulse

Modell- und Teilchenvorstellung

Was ist das Allerkleinste?
Überlege einmal ganz genau:
Was ist das Allerkleinste, das du dir vorstellen kannst?
Eine Ameise meinst du, oder ein Staubkörnchen?

● Es gibt noch viel kleinere Dinge als ein Staubkörnchen. Diskutiere mit deinen Klassenkameraden und -kameradinnen, wie diese aussehen könnten.

Demokrit von Abdera
Demokrit von Abdera hat von 480–371 v. Chr. gelebt. Eigentlich war er ein Philosoph, doch heute ist er den Chemikern vor allem als Begründer der Atomlehre bekannt.

Er hatte sich Folgendes gedacht: Würde er einen Gegenstand immer wieder teilen, müsste er irgendwann ein Teilchen erhalten, das er selbst in Gedanken nicht weiter teilen könnte. Dieses kleinste und unteilbare Teilchen nannte er „Atomos" (griech. für „das Unteilbare").

● Was haltet ihr von seiner Idee? Wie könnte man sie nachprüfen?

● Sind all die Dinge, die uns umgeben, nur aus einer Art unteilbarer Teilchen aufgebaut, oder gibt es verschiedene Sorten davon?

Ein eigenes Modell finden
Niemand hat bisher die kleinsten Teilchen mit eigenen Augen gesehen. Trotzdem haben sich Vorstellungen über den Aufbau und das Aussehen dieser Teilchen entwickelt. Diese Vorstellungen sind aus der Beobachtung von Naturerscheinungen, aus der Phantasie und aus der Deutung von Experimenten entstanden.

● Lege zu Hause einen Gegenstand in einen Schuhkarton und verschließe den Karton. Befestige den Deckel am besten mit einem Klebestreifen.

Tauscht in der Klasse die Kartons aus, ohne sie zu öffnen. Bildet Kleingruppen und sammelt gemeinsam Informationen über den nicht sichtbaren Gegenstand im verschlossenen Karton.

Werkstatt

Die Welt der kleinsten Teilchen

Mithilfe verschiedener Versuche kannst du der Frage nachgehen, wie die Stoffe aufgebaut sind.

1 Ein Duft breitet sich aus

Material
Duftöle (z. B. Zitronen-, Lavendel-, Eukalyptus-Öl), Petrischale, Uhr

Versuchsanleitung
Bildet mehrere Gruppen, die sich im Kreis um verschiedene Tische herum stellen. (Die Gruppen sollten sich möglichst im ganzen Raum verteilen.)
Gebt in eine Petrischale einige Tropfen eines Duftöls. Stellt nun die Schale in die Mitte des Tisches. Notiert die Zeit, die vergeht, bis ihr den Duft deutlich wahrnehmt.

1 Wie schnell breitet sich der Duft aus?

Aufgaben
1. Versucht für die Ausbreitung des Dufts eine Erklärung zu finden. Diskutiert in der Gruppe die verschiedenen Vorschläge.

2. Warum sind die gemessenen Zeiten für die verschiedenen Öle unterschiedlich?

2 Ein Farbstoff breitet sich aus

Material
Becherglas, Glasstab, Büroklammer, Beutel mit kräftig färbendem Tee (z. B. Hagebutte oder Malve), heißes Wasser

2 Tee als Untersuchungsobjekt

Versuchsanleitung
a) Beschwere einen Teebeutel mit einer Büroklammer und befestige ihn so am Glasstab, dass er etwa auf halber Höhe im Becherglas hängt.
Nimm den Glasstab mit dem Teebeutel wieder aus dem Becherglas.

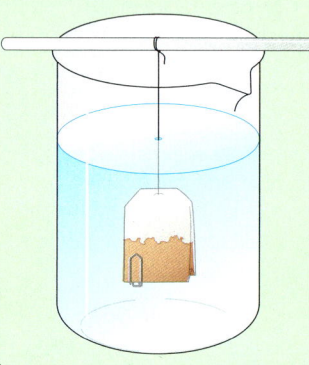

3 Zu Versuch 2

b) Fülle das Becherglas mit heißem Wasser und hänge anschließend den Teebeutel hinein (▷ B 3).

Aufgaben
1. Beobachte genau die Ausbreitung des Farbstoffs.

2. Fertige alle 5 Minuten eine Skizze an, die zeigt, wie weit sich der Farbstoff ausgebreitet hat.

3 Ein Stoff zerteilt sich

Material
Standzylinder, Wasser, Kaliumpermanganat, Pinzette

Versuchsanleitung
Gib mit einer Pinzette ein Körnchen Kaliumpermanganat in einen mit Wasser gefüllten Standzylinder (▷ B 4). Lass das Gefäß ruhig stehen.

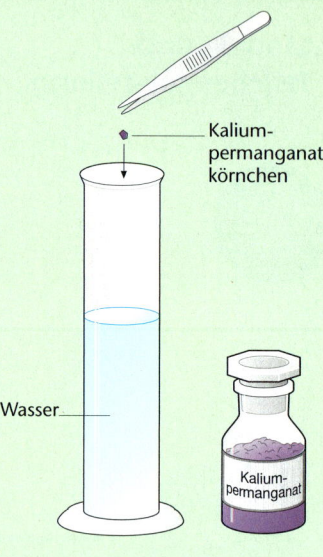

4 Ein Stoff zerteilt sich

Aufgaben
1. Fertige in Abständen von 5 Minuten eine Skizze an.

2. Überlege, wie sich die Ausbreitung der Farbfront erklären lässt.

4 Wassertropfen auf Würfelzucker

Material
Petrischale, Wasser, Würfelzucker, Pipette

Versuchsanleitung
Lege ein Stück Würfelzucker in die Petrischale und gib dann mit einer Pipette einige Tropfen Wasser auf den Würfelzucker.

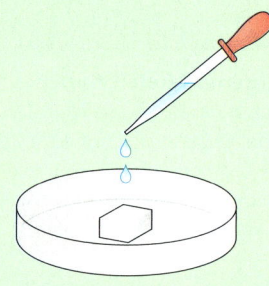

5 Auftropfen von Wasser

Aufgaben
1. Was geschieht bei diesem Versuch nach einiger Zeit mit dem Würfelzucker?

2. Wie lässt sich diese Beobachtung erklären?

Von Stoffen und Teilchen

Stoffe und Teilchen

Tee schmeckt besonders gut mit Kandiszucker. Schon nach kurzer Zeit hat sich der Kandiszucker aufgelöst und der Tee schmeckt angenehm süß. Wie aber lässt sich das Verschwinden des Zuckerstücks erklären?

Um solche Vorgänge wie das Lösen eines Zuckerkristalls zu erklären, nimmt man an, dass Zucker und Wasser aus **kleinsten Teilchen** bestehen. Diese Annahme gilt auch für alle anderen Stoffe.

▶ Alle Stoffe bestehen aus kleinsten Teilchen.

Wenn sich der Zucker im Wasser löst, dann drängen sich die kleinsten Teilchen des Wassers zwischen die kleinsten Teilchen des Zuckers (▷ B 2).

Das Kugelteilchenmodell

Auch über die Form dieser Teilchen haben sich Forscher Gedanken gemacht. Nach ihrer Vorstellung handelt es sich um Ku-

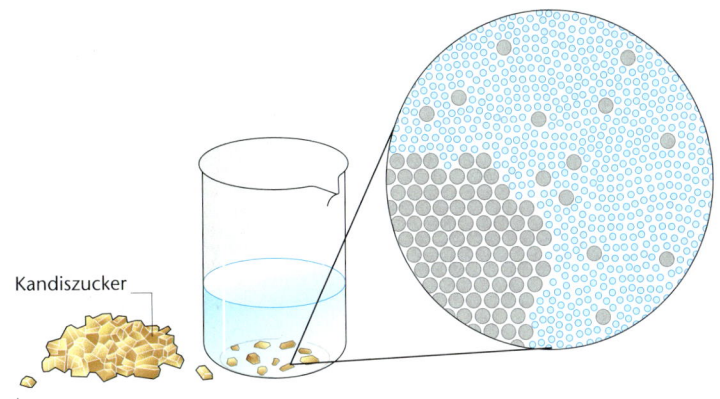

2 Lösen von Kandiszucker im Teilchenmodell

geln, die aber so klein sind, dass man sie selbst mit den besten Mikroskopen nicht sehen kann. Man bezeichnet eine solche Vorstellung von nicht sichtbaren Dingen allgemein als **Modell**. Das Modell von den kugelförmigen kleinsten Teilchen wird als **Kugelteilchenmodell** bezeichnet.

▶ Das Kugelteilchenmodell ist eine Vorstellung vom Aufbau der Stoffe.

Mit dem Kugelteilchenmodell lassen sich viele Vorgänge in der Natur erklären.

Fest, flüssig und gasförmig

Stoffe kommen in drei verschiedenen Zustandsformen vor: Sie können fest, flüssig oder gasförmig sein. Diese drei Zustandsformen werden auch Aggregatzustände genannt.

▶ Die Zustandsform eines Stoffes nennt man Aggregatzustand.

Mit dem Teilchenmodell können wir uns die Aggregatzustände besser vorstellen:
In **Feststoffen** sind die Teilchen auf festen Plätzen dicht nebeneinander angeordnet. Weil die kleinsten Teilchen nur einen sehr geringen Abstand voneinander haben, kann man Feststoffe kaum zusammendrücken.
In **Flüssigkeiten** dagegen sind die Teilchen etwas weiter voneinander entfernt. Da sie außerdem nicht an festen Plätze gebunden sind, passt sich die Flüssigkeit jeder Form an.
Die Teilchen in einem **Gas** haben einen großen Abstand voneinander und können sich frei bewegen. Gase nehmen den ganzen verfügbaren Raum ein. Wegen des großen Teilchenabstands enthält 1 cm^3 Gas viel weniger Teilchen als 1 cm^3 Flüssigkeit oder 1 cm^3 Feststoff (▷ B 1).

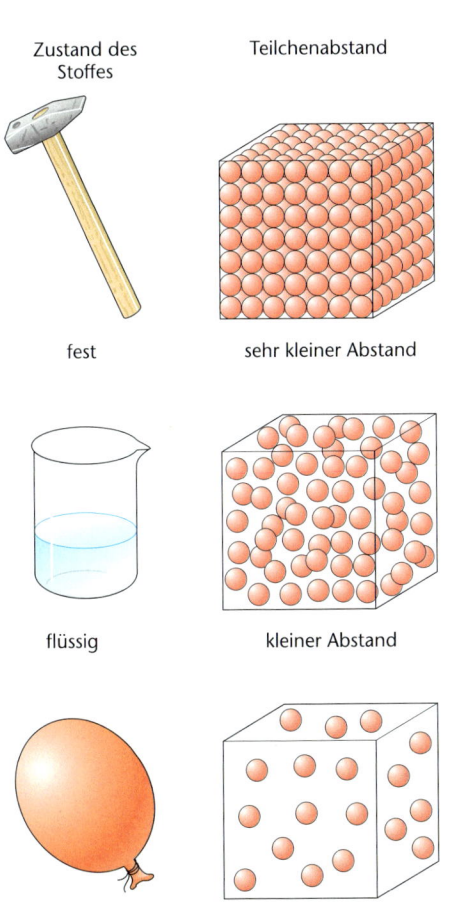

1 Aggregatzustände im Teilchenmodell

Werkstatt

Die Welt der Kristalle

1 Zucker oder Salz?

Manche Stoffe in der Küche sehen sich zum Verwechseln ähnlich. Salz und Zucker, Mehl und Backpulver – häufig verrät dir nur die Verpackung, um welche Substanz es sich handelt.

Kann man gleich aussehende Stoffe unterscheiden, wenn man sie mit der Lupe betrachtet?

1 Wir untersuchen Kristalle
Material
Kochsalz, Zucker, Backpulver, Mehl, Brausepulver, Tütensuppe, schwarze Pappe, Binokular

Versuchsanleitung
Streue Proben der verschiedenen Stoffe auf die schwarze Pappe und betrachte sie mit dem Binokular. In welchen Proben findest du nur gleiche Kristalle?
Findest du diese Kristalle auch in den gemischten Proben wieder?

2 Wir stellen Kristalle her
Material
Kochsalz, Alaun, Becherglas, Glasschale, Löffel, Lupe oder Binokular

Versuchsanleitung
Gib 50 ml Wasser und 5 g Kochsalz in ein Becherglas. Rühre um, bis sich das Salz aufgelöst hat (▷ B 3). Füge dann so lange Salz hinzu, bis es sich auch nach längerem Rühren nicht mehr auflöst.

3 In Wasser lösen

Gieße das Salzwasser in die flache Glasschale. Stelle die Schale einige Tage an einen warmen Ort. Was kannst du nach dieser Zeit beobachten?

2 Wie sehen diese Stoffe unter dem Binokular aus?

Untersuche den Inhalt der Schale auch mit der Lupe oder dem Binokular.
Wiederhole den Versuch mit Alaun. Bilden sich die gleichen Kristalle? Vergleiche!

3 Wir beobachten das Kristallwachstum
Material
Schutzbrille, Gasbrenner, Dreifuß mit Drahtnetz, Becherglas, Löffel, Kristallisierschale, Salpeter (Kaliumnitrat), Lupe

Versuchsanleitung
Erwärme 50 ml Wasser in einem Becherglas. Füge unter ständigem Rühren so lange Salpeter hinzu, bis sich der Rückstand am Boden nicht mehr auflöst (▷ B 4).

4 Erwärmen der Salpeterlösung

Gib etwas von der erwärmten Flüssigkeit in die Kristallisierschale. Beobachte sofort mit der Lupe, was in der Schale vor sich geht (▷ B 5).

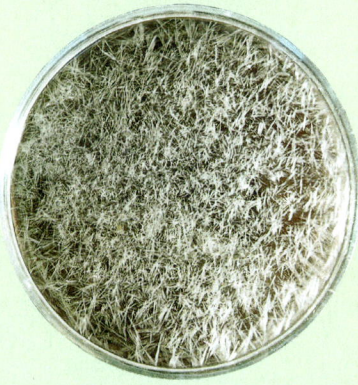

5 Kristalle in der Kristallisierschale

Kristalle – Ordnung kleinster Teilchen

1 Kochsalzkristalle

3 Kristalle bilden unterschiedliche Formen

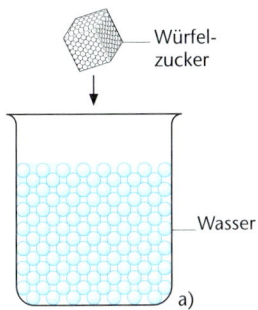

Kristalle bilden sich ...
Verdunstet aus einer wässrigen Kochsalzlösung langsam das Wasser, so bleiben regelmäßig geformte Kristalle zurück. Diese sind häufig schon mit bloßem Auge zu erkennen. Mithilfe einer Lupe, eines Binokulars oder unter dem Mikroskop erkennt man deutlich: Es handelt sich um regelmäßige Würfelformen unterschiedlicher Größe (▷ B 1, B 2).

▶ Kochsalz ist ein weißer Feststoff, der aus würfelförmigen Kristallen aufgebaut ist.

Diese Kristallform lässt sich mit dem Kugelteilchenmodell erklären. Im Kochsalzkristall ordnen sich die kleinsten Teilchen des Kristalls ganz regelmäßig an und zwar so, dass sich immer eine würfelförmige Anordnung ergibt. In anderen Kristallen ordnen sich die kleinsten Teilchen auch zu anderen Formen an. So können sie z. B. die Form eines Quaders oder einer Doppelpyramide (▷ B 3) bilden.

▶ In Kristallen sind die kleinsten Teilchen regelmäßig angeordnet. Je nach Anordnung bilden sich unterschiedliche Kristallformen.

... und lösen sich wieder
Gibt man einige Kochsalzkristalle in Wasser, so sind diese schon nach kurzer Zeit nicht mehr zu sehen. Eine Geschmacksprobe würde zeigen, dass das Kochsalz nicht wirklich verschwunden ist. Das Kochsalz hat sich nur in Wasser gelöst.

Der Lösungsvorgang im Teilchenmodell
Um zu verstehen, was beim Lösen passiert, ist das Teilchenmodell hilfreich. Wenn sich Kochalz in Wasser löst, drängen sich die Wasserteilchen zwischen die eng nebeneinander liegenden Kochsalzteilchen (▷ B 4). Dadurch löst sich der Kristallverband auf und es entsteht eine Kochsalzlösung.

▶ Beim Lösen eines Kristalls in Wasser schieben sich die Wasserteilchen zwischen die kleinsten Teilchen des Kristalls. Es entsteht eine Lösung.

Dieser Vorgang kehrt sich um, wenn das Wasser wieder verdunstet. Es bilden sich dann wieder würfelförmige Kochsalzkristalle.

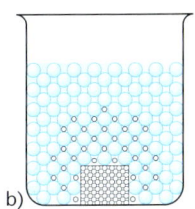
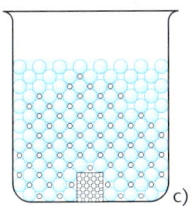
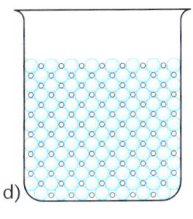

4 Lösen eines Kochsalzkristalls im Teilchenmodell

2 Kochsalz bildet würfelförmige Kristalle

Schlusspunkt

Wege in die Welt des Kleinen

▶ **Lupe und Mikroskop**
Eine Lupe, ein Binokular oder ein Mikroskop ermöglichen uns die Betrachtung sehr kleiner Gegenstände oder Lebewesen.
Eine Lupe enthält eine Sammellinse, die ein vergrößertes Bild eines Gegenstands erzeugt. Der Vergrößerungsfaktor einer Lupe gibt an, wie viel mal größer das Bild im Vergleich zum Gegenstand sein kann. Mithilfe eines Mikroskops lassen sich kleine Gegenstände stark vergrößert betrachten. Jedes Mikroskop enthält ein Objektiv und ein Okular (▷ B 3). Die Gesamtvergrößerung erhält man, wenn man die Okularvergrößerung mit der Objektivvergrößerung multipliziert.

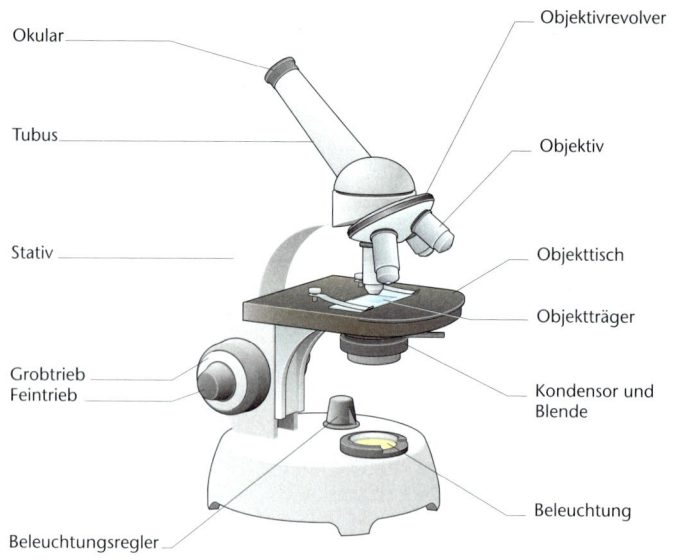

3 Aufbau eines Mikroskops

▶ **Pflanzen- und Tierzellen**
Alle Lebewesen sind aus Zellen aufgebaut. Pflanzenzellen bestehen aus: Zellkern, Zellplasma, Vakuole, Blattgrünkörnern, Zellmembran und Zellwand (▷ B 1). Menschen- und Tierzellen haben keine Zellwand, keine Blattgrünkörner und keine große Vakuole (▷ B 2).

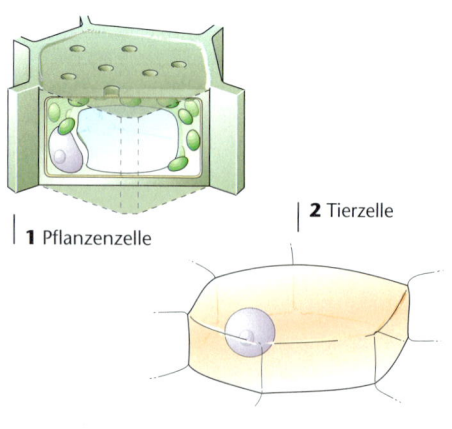

1 Pflanzenzelle

2 Tierzelle

▶ **Boden**
Boden besteht aus verschiedenen Bestandteilen. Die Hauptbestandteile sind Sand, Lehm und Ton.

▶ **Bodenlebewesen**
In der obersten Schicht des Bodens leben sehr viele Lebewesen.
Mithilfe des Berlese-Apparats kann man die Tiere aus dem feuchten Waldstreu fangen.

▶ **Teilchenvorstellung**
Stoffe bestehen aus kleinsten Teilchen. Man nimmt an, dass diese kleinsten Teilchen kugelförmig sind.
Mithilfe der Kugelteilchenmodells kann man sich eine Vorstellung vom Aufbau der Stoffe machen.

▶ **Lösevorgang**
Man kann sich vorstellen, dass sich beim Lösen eines Feststoffes in Wasser die kleinsten Teilchen des Wassers zwischen die Teilchen des Feststoffs schieben.

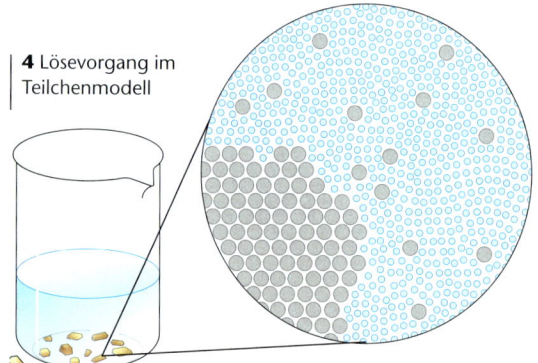

4 Lösevorgang im Teilchenmodell

Aufgaben

1 Die Kriminalpolizei nutzt verschiedene Methoden, um einen Dieb oder Einbrecher zu fassen. Nenne drei dieser Spuren und erläutere das Verfahren.

2 Bringe Ordnung in den „Krabbelzoo"! Ordne nach Anzahl der Beinpaare. Die Tabelle hilft dir bei der Bestimmung der Tiere.

Keine Beine oder nur Beinstummel	Würmer, Maden, Raupen
3 Beinpaare	Insekten
4 Beinpaare	Spinnen
7 Beinpaare	Krebse
Mehr als 7 Beinpaare	Hundertfüßer, Tausendfüßer

5 Krabbelzoo

3 Zähle verschiedene Lupenarten auf und gib an, für welche Zwecke man diese Lupen jeweils einsetzen kann.

4 Egon Zweistein behauptet: „Je weiter ich mich mit einer Lupe von einem Gegenstand entferne, desto größer wird das Bild des Gegenstands." Stimmt diese Aussage?

5 Was gibt der Vergrößerungsfaktor einer Lupe an?

6 Zähle die Bauteile eines Mikroskops auf und gib an, welche Funktion die einzelnen Teile besitzen.

7 Ist es immer sinnvoll, bei einem Mikroskop die stärkste Vergrößerung einzustellen? Begründe deine Antwort!

8 Das Okular eines Mikroskops vergrößert 8-fach, das Objektiv vergrößert 15-fach. Welche Gesamtvergrößerung besitzt das Mikroskop?

9 Wie musst du vorgehen, wenn du erfolgreich mit dem Mikroskop arbeiten möchtest? Beachte in deiner Antwort auch die richtige Reihenfolge der Arbeitsschritte.

10 Beschreibe die Aufgaben der Zellorganellen in einer Pflanzenzelle.

11 Erstelle eine Tabelle, in der du die Unterschiede zwischen einer Tier- und einer Pflanzenzelle einträgst.

12 Nenne fünf Stoffe, die aus Kristallen bestehen.

13 Brauner und weißer Kandiszucker wird gerne zum Süßen von Tee verwendet (▷ B 6).
a) Was passiert, wenn Kandiszucker in heißen Tee gegeben wird?

b) Erkläre diesen Vorgang mit dem Kugelteilchenmodell.

c) Kochsalz kann man wie Zucker auch gut in Wasser lösen. Plane einen Versuch, mit dem sich zeigen lässt, ob Zucker oder Kochsalz besser wasserlöslich ist.

14 Schichte wie in Bild 7 in einem großen Glas (Einmachglas) feuchte Gartenerde und Sand. Gib ein paar Regenwürmer hinein. Lege ein paar angefaulte Blätter obenauf. Verschließe das Glas mit einer Folie. Stich einige Löcher in die Folie. Stelle das Glas an einen dunklen Ort.
a) Beobachte einmal am Tag und halte deine Beobachtung in einem Regenwurm-Tagebuch fest.

b) Erläutere in einem Kurzvortrag deinen Mitschülerinnen und Mitschülern das Ergebnis deines Versuchs.

6 Kandiszucker

c) Diskutiert in eurer Klasse, welche wichtigen Funktionen die Lebensweise des Regenwurms für die Tiere und Pflanzen in seiner Umgebung hat.

7 Zu Aufgabe 14

Startpunkt

Sonne, Mond und Sterne

Schon immer waren die Menschen von den Vorgängen und Erscheinungen am Himmel beeindruckt. Vieles konnte man sich früher nicht erklären, inzwischen ermöglichen uns verschiedene Instrumente die Erkundung des Weltalls.

Die Sonne ist für uns der wichtigste Himmelskörper. Sie liefert uns Licht und Wärme. Ohne sie gäbe es kein Leben auf der Erde. Sie bestimmt unseren Alltag.

In einer klaren Nacht kannst du schon mit bloßen Augen viele Sterne sehen. Fernrohre und Teleskope erlauben es uns, mehr über den Mond, die Planeten und andere Himmelskörper zu erfahren.

Wie weit ist die Eroberung des Weltalls fortgeschritten und wie leben Menschen in der Raumstation, die die Erde umkreist? Auf diese und weitere Fragen erhältst du in diesem Kapitel Antworten.

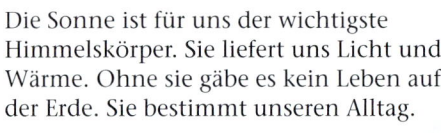

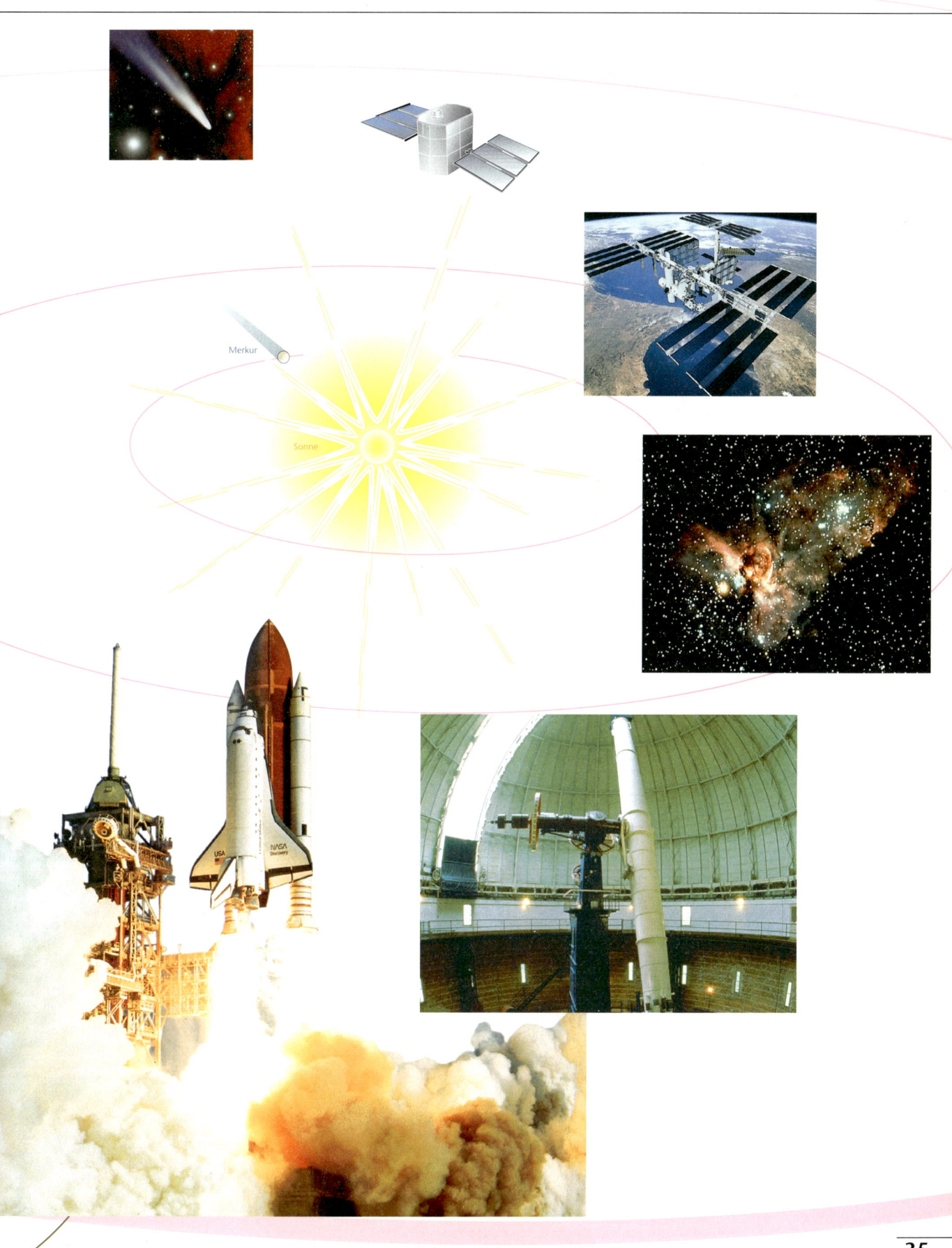

Unser Sonnensystem

1 Die Erkundung des Mondes

Die „Eroberung" des Weltalls?
Am 12. April 1961 umkreiste der Kosmonaut Juri Gagarin als erster Mensch die Erde in einer Raumkapsel. Acht Jahre später betraten die Amerikaner Neil Armstrong und Edwin Aldrin den Mond (▷ B 1). Damals stellten viele Menschen die Frage, ob das Weltall damit erobert sei. Um diese Frage zu beantworten, muss man einen Blick ins Weltall werfen.

Die Milchstraße
Wenn du in einer wolkenlosen Nacht in den Himmel schaust, erkennst du ein milchig schimmerndes Band. Das ist die **Milchstraße** (▷ B 4), eine Ansammlung von hundert Milliarden Sternen. Als **Stern** bezeichnet man einen Himmelskörper, der selbst Licht erzeugt.
Die Sterne der Milchstraße sind spiralförmig angeordnet. Weil sie wie ein schwach leuchtender Nebelstreif erscheinen, nennt man solche Sternanordnungen auch **Spiralnebel**.

Einer dieser Sterne ist unsere Sonne (▷ B 3), sie befindet sich am Rand der Milchstraße. Neben der Milchstraße gibt es unzählige weitere solcher Sternansammlungen im Weltall.

Unser Sonnensystem
Die Sonne ist das Zentrum unseres Sonnensystems. Dazu gehören außerdem die acht Planeten Merkur, Venus, Erde, Mars, Jupiter, Saturn, Uranus und Neptun sowie deren Monde. Sie umkreisen die Sonne in unterschiedlichen Entfernungen (▷ B 2).

2 Unser Sonnensystem im Überblick

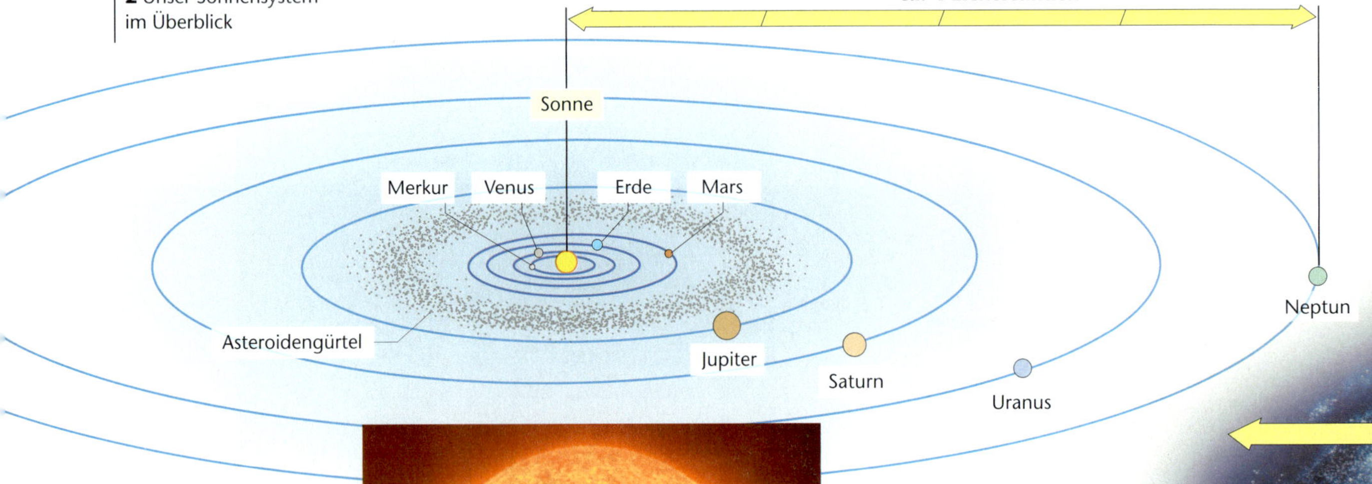

ca. 4 Lichtstunden

Sonne — Merkur — Venus — Erde — Mars — Asteroidengürtel — Jupiter — Saturn — Uranus — Neptun

3 Die Sonne – Mittelpunkt unseres Sonnensystems

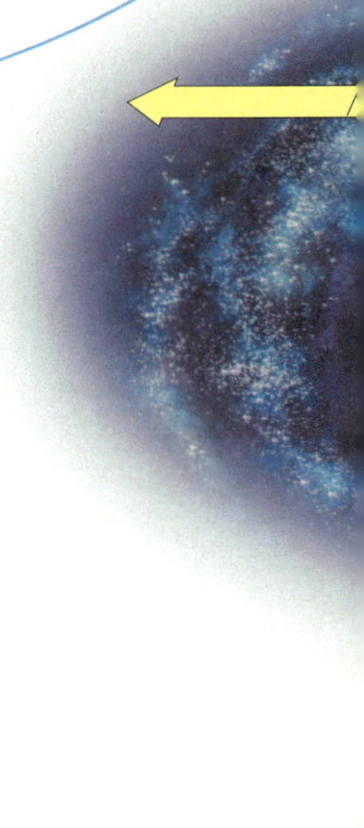

Als Planeten bezeichnet man wandernde Himmelskörper, die selbst nicht leuchten.

▶ Die Erde ist einer von acht Planeten, die unsere Sonne umkreisen. Die Sonne, die Planeten und deren Monde bilden unser Sonnensystem. Es ist Teil des noch größeren Sternensystems Milchstraße.

Das Lichtjahr
Die Entfernungen im Weltall sind unvorstellbar groß. In Kilometern angegeben, würde man unlesbar große Zahlen erhalten. Daher hat man eine neue Einheit geschaffen: das Lichtjahr.

Das Lichtjahr ist die Strecke, die das Licht in einem Jahr zurücklegt. In einer Sekunde legt das Licht 300 000 Kilometer zurück. In einem Jahr sind das etwa 9 460 000 000 (9,46 Billionen) Kilometer. Solche großen Entfernungen lassen sich einfacher in Lichtjahren angeben.

▶ Entfernungen im Weltall werden in Lichtjahren angegeben. Ein Lichtjahr ist die Strecke, die das Licht in einem Jahr zurücklegt.

Entfernungen im Weltall
Der Durchmesser der Milchstraße beträgt 100 000 Lichtjahre und die Sonne ist etwa 30 000 Lichtjahre vom Zentrum der Milchstraße entfernt. Sieh dir nochmals Bild 2 an. Im Vergleich zur Größe des Weltalls erscheint die Erde wie ein „Staubkorn".

Aufgaben

1 Mit folgendem Satz kannst du dir die Reihenfolge der Planeten, von der Sonne aus betrachtet, gut merken: „Mein Vater erklärt mir jeden Samstag unseren Nachthimmel". Übertrage den Satz in dein Heft und notiere zu jedem Wort den Planeten.

2 Für den Weg von der Sonne bis zur Erde braucht das Licht etwa 8 Minuten. Wie weit ist die Erde von der Sonne entfernt?

4 Die Milchstraße von der Erde aus gesehen

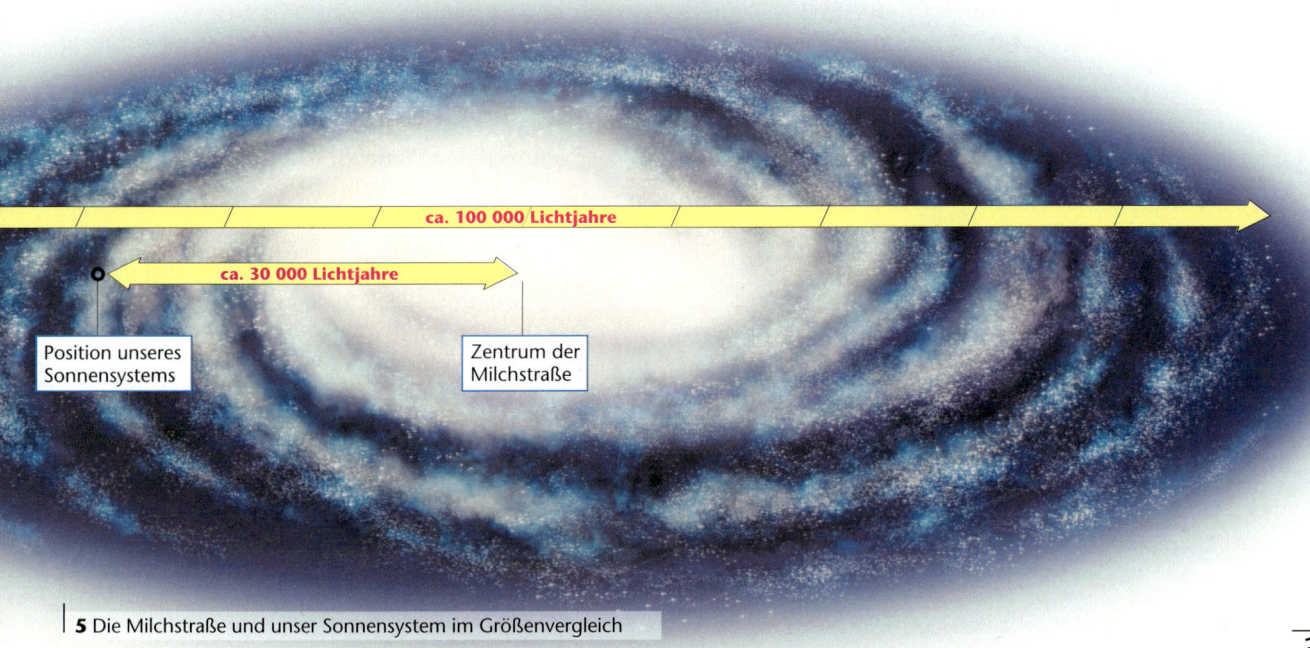

5 Die Milchstraße und unser Sonnensystem im Größenvergleich

Die Planeten unseres Sonnensystems

Merkur   Venus   Erde   Mars

Jupiter

Die Erforschung der Planeten
Als es noch keine Raumfahrt gab, hat man die Planeten mithilfe von Fernrohren erforscht. Die Farbe des Lichts, das sie zurückstrahlten, gab Hinweise auf die Zusammensetzung der Gashülle oder der Oberfläche der Planeten.
Dank der modernen Raumfahrt wissen wir heute viel mehr über die Planeten, z. B. wie groß und wie schwer sie sind und woraus sie bestehen.

Marsmissionen
Der Abstand zwischen Erde und Mars kann bis zu 400 Millionen Kilometer betragen. Im August 2003 sollten sich die beiden Planeten aber auf etwa 56 Millionen Kilometer annähern.
Die amerikanische Weltraumbehörde NASA und die europäische Weltraumagentur ESA nutzten diese Gelegenheit, um unseren Nachbarplaneten zu erkunden. Nach einer sechsmonatigen Reise erreichten Raumsonden (▷ B 1) die Umlaufbahn des Mars. Sie schickten Fotos zur Erde, die darauf hinwiesen, dass es auf dem Mars einmal viel Wasser gegeben hat.
Es gelang sogar, Sonden auf dem Mars abzusetzen. Am 25. Mai 2008 landete am Nordpol des Planeten die Marssonde Phoenix (▷ B 2). Nur zwei Monate später entdeckte sie in einer Bodenprobe tatsächlich gefrorenes Wasser.

1 Die Raumsonde Mars-Express

2 Landung der Marssonde Phoenix

Die sonnennahen Planeten
Die sonnennahen Planeten Merkur, Venus, Erde und Mars (▷ B 3) sind einander recht ähnlich. Sie alle haben eine feste Kruste und einen heißen Kern aus Metall.

Der Merkur
Der Merkur ist eine nackte Gesteinskugel, die keine schützende Gashülle besitzt und deshalb von Kratern übersät ist. Sie stammen von Gesteinsbrocken, die auf der Merkuroberfläche eingeschlagen sind. Auf der Sonnenseite des Merkur herrschen 430 °C. Auf der sonnenabgewandten Seite ist es dagegen mit –185 °C eisig kalt.

Die Venus
Die Venus ist der Erde recht ähnlich. Sie ist etwas kleiner, etwas leichter und von einer dichten Gashülle umgeben. Die Oberfläche der Venus ist nicht zu sehen, weil den Planeten eine geschlossene Wolkendecke umgibt. Diese Wolken bestehen jedoch nicht aus Wasser, sondern aus Schwefelsäure. Die Gashülle der Venus, die so genannte **Atmosphäre**, besteht fast vollständig aus Kohlenstoffdioxid. Dieses Gas ist auch als Treibhausgas bekannt. Wie ein Treibhaus hält es die Wärmestrahlung zurück. Aus diesem Grund herrschen an der Oberfläche der Venus Temperaturen von etwa 470 °C.

Die Erde
Verglichen mit den anderen Planeten hat unsere Erde einen besonderen Platz im Sonnensystem: Durch ihren Abstand von der Sonne herrschen Temperaturen von

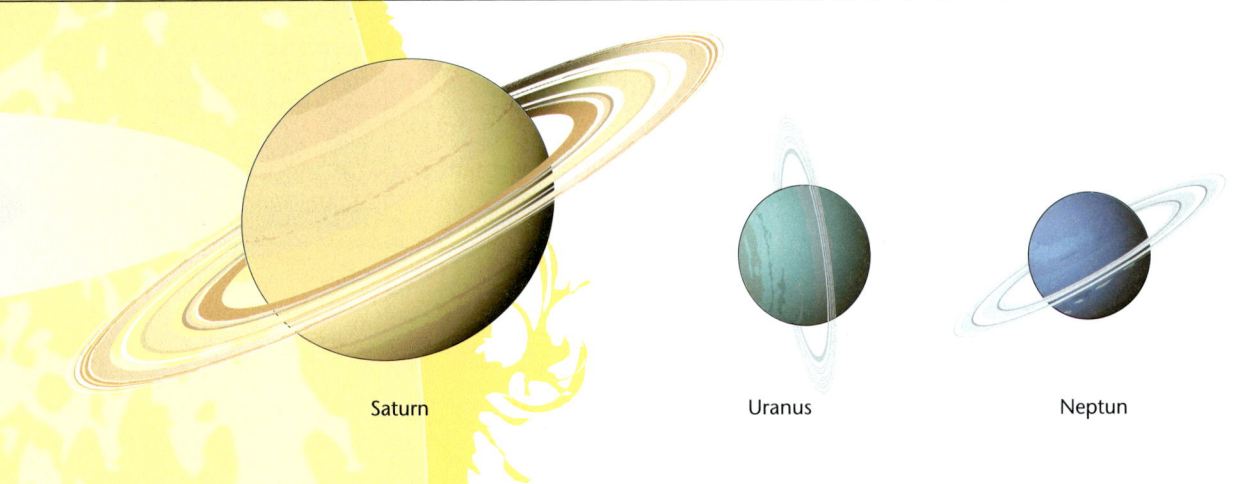

Die Planeten unseres Sonnensystems

Saturn	Uranus	Neptun

durchschnittlich 15 °C. Außerdem ist die Oberfläche der Erde zum größten Teil von Wasser bedeckt. Die Atmosphäre der Erde enthält hauptsächlich die Gase Stickstoff und Sauerstoff. Diese Gashülle trägt dazu bei, die von der Sonne empfangene Wärme zu speichern und zu verteilen. Alle diese Voraussetzungen haben das Leben auf der Erde ermöglicht.

Die großen Planeten
Die nächsten vier weiter von der Sonne entfernten Planeten sind Jupiter, Saturn, Uranus und Neptun (▷ B 3). Sie sind viel größer als die Erde und anders aufgebaut. Sie besitzen einen kleinen festen Kern, den eine flüssige Hülle einschließt. Die äußerste Schicht bildet eine gigantische Gashülle. Alle vier Planeten sind von Ringen umgeben. Sie bestehen aus einer Unzahl kleiner Gesteins- und Eisbrocken, die um den Planeten kreisen. Die Brocken haben Durchmesser von wenigen Zentimetern bis zu einigen Metern. Die Ringe des Saturn (▷ B 3) sind von der Erde aus mit dem Fernrohr am besten zu erkennen.
Jeder der vier großen Planeten wird von mehreren Monden umrundet. Die meisten Begleiter hat der Jupiter, 61 sind bisher bekannt (▷ B 4). Der größte Teil der Monde besteht aus Gestein und Eis.

3 Die acht Planeten im Größenvergleich

Aufgaben

1 Erkundige dich über den aktuellen Stand der Marsforschung und berichte darüber.

2 In vielen Büchern steht noch zu lesen, dass es in unserem Sonnensystem neun Planeten gibt.
Finde heraus, was mit dem neunten Planeten passiert ist. Berichte deinen Mitschülern darüber.

Planet	Durchmesser (in km)	mittlere Entfernung von der Sonne (in Mio. km)	mittlere Temperatur an der Oberfläche (in °C)	Dauer eines Umlaufs um die Sonne	Anzahl der Monde
Merkur	4 878	58	−180 bis +450	88 Tage	
Venus	12 104	108	+480	225 Tage	
Erde	12 742	150	+15	365 Tage	1
Mars	6 780	228	−170 bis 0	1 Jahr 322 Tage	2
Jupiter	139 822	778	−150	11 Jahre 315 Tage	mind. 61
Saturn	116 464	1 428	−190	29 Jahre 153 Tage	mind. 31
Uranus	50 724	2 873	−220	83 Jahre 274 Tage	mind. 21
Neptun	49 248	4 502	−216	163 Jahre 255 Tage	mind. 11

4 Die Planeten unseres Sonnensystems in Zahlen

Werkstatt

Entfernungen schätzen, messen und vergleichen

1 Zu Versuch 1

Entfernungen schätzen, das ist schwierig und will geübt sein! Auf dieser Seite sollst du dich zunächst mit kleinen Entfernungen beschäftigen. Dann fällt es dir leichter, dir die Größenverhältnisse und Entfernungen im Weltall vorzustellen.

1 Entfernungen schätzen und messen

Material
Metermaß, Papier, Bleistift, Kreide

Versuchsanleitung
a) Bildet kleine Gruppen und geht auf den Schulhof. Stellt euch etwa in die Mitte des Schulhofs und markiert euren Standpunkt mit Kreide. Schätzt von dort die Entfernung z. B. zu einem Pfosten (▷ B 1). Tragt die Schätzwerte in eine Tabelle ein.
b) Messt nun die Schrittlänge eines Mitglieds eurer Gruppe (Beispiel: 50 cm). Dieser Mitschüler geht vom markierten Punkt zum Baum und zählt dabei die Schritte (Beispiel: 28 Schritte von 50 cm Länge ergeben 14 m). Tragt die gemessene Entfernung in die Tabelle ein.

c) Vergleicht eure geschätzten Werte mit den gemessenen Werten. Habt ihr gut geschätzt? Macht weitere Schätzübungen und ihr werdet sehen, es klappt immer besser.

2 Größenverhältnis von Erde und Mond

Material
Papier, Zirkel, Stift, Lineal

Hinweis:
Zunächst sollen dir die Größenverhältnisse von Sonne und Erde sowie ihre Entfernung zueinander verdeutlicht werden.
Dazu verkleinern wir die Sonne in Gedanken, bis sie einer Kugel von 1 m Durchmesser entspricht. Diese Kugel legen wir an die Startlinie einer 100-m-Bahn. Die Erde liegt 100 m entfernt auf der Ziellinie. Sie hat die Größe einer Erbse.

Aufgabe
Stelle nun die Größen- und Entfernungsverhältnisse von Erde und Mond mit zwei Pappscheiben maßstabsgetreu dar.

Durchmesser Erde:
6 400 km
Durchmesser Mond:
3 500 km
Entfernung Erde – Mond:
384 000 km

Tipp: Setze bei den oben angegebenen Werten nach drei Stellen (von hinten gezählt) ein Komma und mache aus den Kilometern Zentimeter. Schneide die beiden Pappscheiben aus. Präsentiere das Ergebnis an einer Wand.

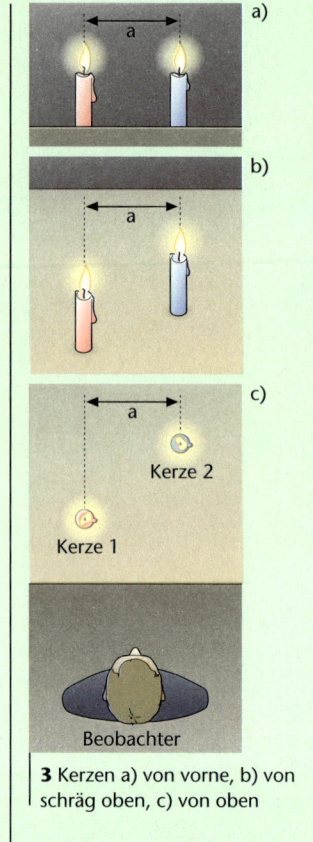

3 Kerzen a) von vorne, b) von schräg oben, c) von oben

3 Entfernung zwischen zwei Lichtquellen

Material
2 Kerzen, Streichhölzer

Versuchsanleitung
a) Zünde in einem verdunkelten Raum zwei Kerzen an. Stelle sie auf einem entfernten Tisch so auf wie in Bild 3 gezeigt.
b) Gehe möglichst weit von den Kerzen entfernt so weit in die Hocke, dass du die Kerzenflammen nebeneinander siehst. Für dich als Betrachter stehen sie eng nebeneinander.
c) Richte dich auf und gehe zu den Kerzen.
Beschreibe, was du siehst, wenn du die Kerzen von vorne und von (schräg) oben betrachtest.

Aufgabe
Was kannst du über die Entfernung zwischen zwei Sternen am Himmel sagen, die du von der Erde aus als gleich große, benachbarte Lichtpunkte erkennst?

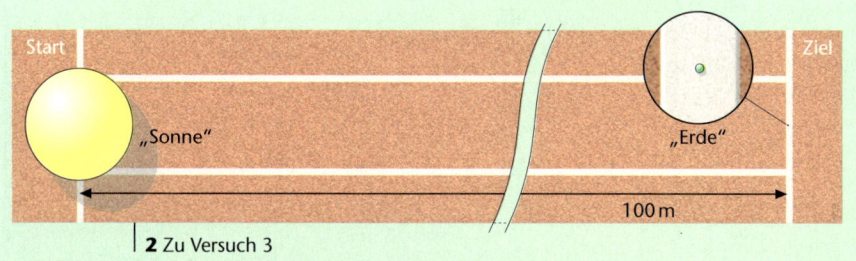

2 Zu Versuch 3

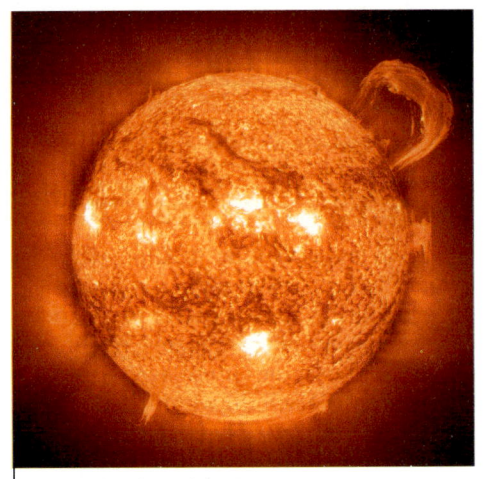

Die Sonne

1 Gasausbrüche auf der Sonne

2 Polarlichter

Ein glühender Gasball

Sich den Aufbau der Sonne vorzustellen, ist nicht einfach, denn mit der Erde hat dieser für uns so wichtige Himmelskörper gar nichts gemeinsam.
Die Sonne ist ein riesiger glühender Ball aus Gas (▷B1). Sie ist 1 300 000 000-mal größer und 330 000-mal schwerer als die Erde. In ihrem Innern herrschen Temperaturen von über 15 000 000 °C. An der Oberfläche sind sie viel niedriger, sie liegen aber immer noch bei unvorstellbaren 6 000 °C.

Forscher haben eine interessante Rechnung aufgestellt: Stell dir vor, man könnte dem Inneren der Sonne ein Stück von der Größe eines Kirschkerns entnehmen. Würde man dieses kleine Sonnenstück auf die Erde legen, dann herrschte in einem Umkreis von 1000 km eine Temperatur von bis zu 2 000 °C.

Sonnenflecken

Auf der Sonne bilden sich manchmal dunkle Flecken. Sie heißen **Sonnenflecken** (▷B3). Dort ist die Oberfläche aufgewühlt und die Temperatur ist mit 4 500 °C geringer als in der Umgebung. Wissenschaftler haben festgestellt, dass alle 11 Jahre besonders viele Sonnenflecken auftreten. Wie die Sonnenflecken entstehen und warum sie sich in regelmäßigen Abständen bilden, ist jedoch noch nicht bekannt.

An der Wanderung der Sonnenflecken erkennt man, dass sich die Sonne innerhalb von 25 Tagen einmal um ihre Achse dreht. Sonst verändert die Sonne ihre Stellung im Weltall fast nicht – eine Positionsänderung wäre erst nach mehreren tausend Jahren zu erkennen.

Explosionen auf der Sonne

Auf der Sonne gibt es manchmal gewaltige Explosionen. Dabei werden große Mengen Gas ins Weltall geschleudert. Es entstehen flammende Bögen, die bis zu 25 000 °C heiß sein können und eine Höhe von bis zu 400 000 Kilometern erreichen (▷B1).

Bei diesen Ausbrüchen kann besonders viel Sonnenmaterie die Erde erreichen. Geraten Sonnenteilchen in das Magnetfeld der Erde, treten oft Lichterscheinungen auf (▷B2). Man spricht von **Polarlichtern**, weil sie vor allem in den Polargebieten der Erde zu sehen sind.

Aufgaben

1 Erstelle einen Steckbrief zur Sonne.

2 Informiere dich, welcher Stern uns nach der Sonne am hellsten erscheint. Wie groß ist seine Entfernung zur Erde?

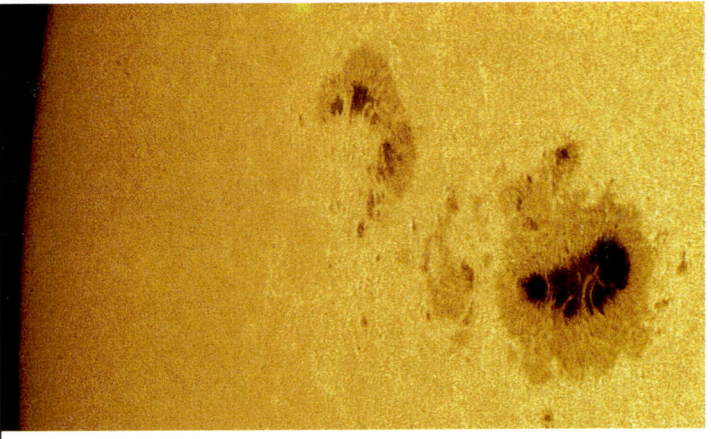

3 Sonnenflecken

Die Erde – immer in Bewegung

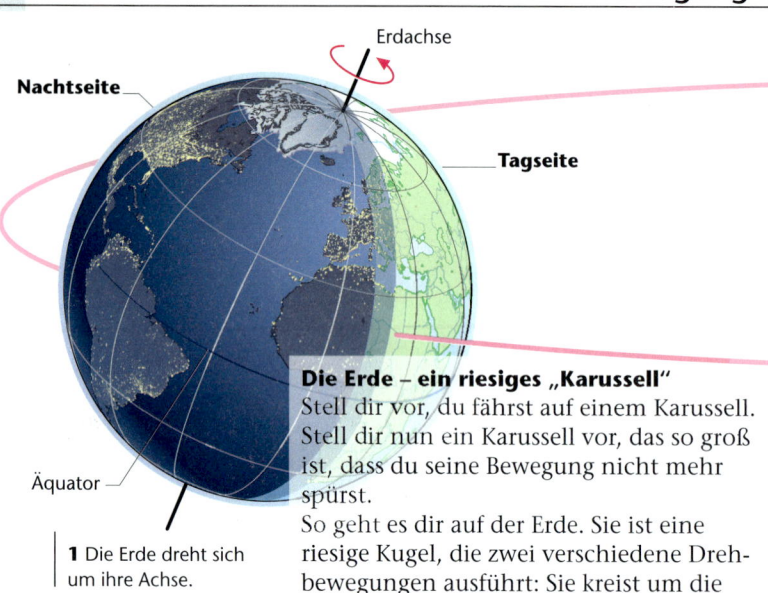

1 Die Erde dreht sich um ihre Achse.

Die Erde – ein riesiges „Karussell"
Stell dir vor, du fährst auf einem Karussell. Stell dir nun ein Karussell vor, das so groß ist, dass du seine Bewegung nicht mehr spürst.
So geht es dir auf der Erde. Sie ist eine riesige Kugel, die zwei verschiedene Drehbewegungen ausführt: Sie kreist um die Sonne und dreht sich gleichzeitig um ihre eigene Achse.

Drehung um die eigene Achse
Die Erde dreht sich um eine gedachte, durch den Nord- und den Südpol verlaufende Erdachse (▷ B 1). Diese Bewegung wird als **Erdrotation** bezeichnet. Eine volle Umdrehung dauert 24 Stunden. Das entspricht in unserer Zeiteinteilung einem Tag.
Die Erdrotation verursacht den ständigen Wechsel von Tag und Nacht, weil nur eine Hälfte der Erde von der Sonne beleuchtet wird (▷ B 1). Suche dir in Bild 1 einen Punkt auf dem Äquator aus und überlege, wie er sich bewegt: Im Verlauf eines Tages durchläuft dieser Punkt sowohl den beleuchteten als auch den unbeleuchteten Bereich.

Bewegung um die Sonne
Wie die anderen Planeten bewegt sich auch die Erde um die Sonne (▷ B 2). Dabei legt sie in jeder Sekunde 30 Kilometer zurück. Das entspricht einer Geschwindigkeit von 108 000 Kilometer pro Stunde. Die Dauer eines vollständigen Umlaufs um die Sonne ist die Grundlage unserer Zeitrechnung. Nach ihr wurde das Jahr festgelegt. Allerdings benötigt die Erde nicht genau 365 Tage für ihren Umlauf, sondern sechs Stunden länger.
Nach vier Jahren hat die Erde gegenüber der Zeitrechnung deshalb eine Verspätung von 24 Stunden. Als Ausgleich wird alle vier Jahre ein zusätzlicher Tag in den Kalender „eingeschoben", und zwar der 29. Februar. Ein solches Jahr bezeichnet man als **Schaltjahr**.

▶ Die Erde führt zwei Bewegungen aus: Sie dreht sich in 24 Stunden ein Mal um die eigene Achse und umrundet in 365 Tagen und 6 Stunden ein Mal die Sonne.

Aufgaben
1. Woher kommen die Zeiteinheiten Tag und Jahr?
2. Warum ist es notwendig, alle vier Jahre ein Schaltjahr einzufügen?
3. Überlege, wie die Drehungen der Erde deinen Lebensrhythmus beeinflussen. Denke daran, dass die Erde zwei verschiedene Drehungen ausführt.

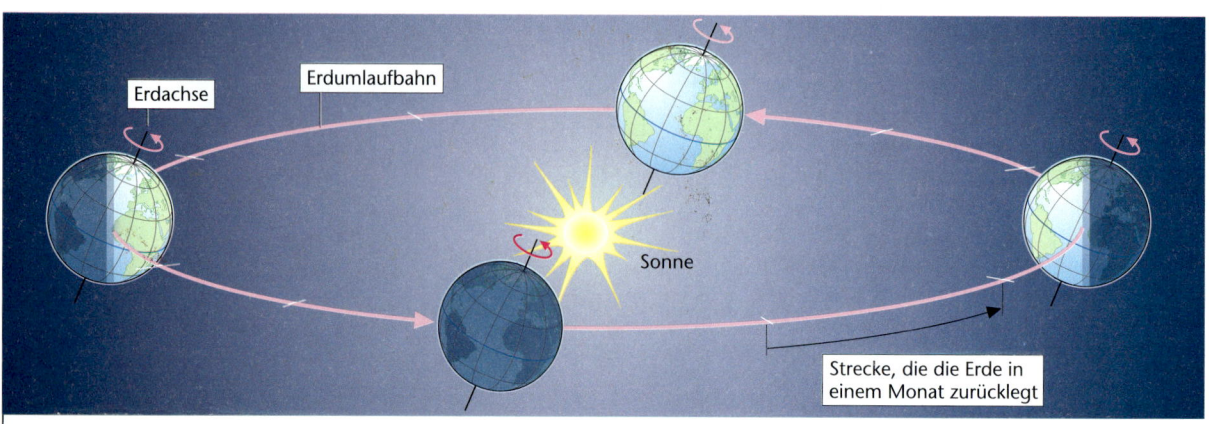

2 In einem Jahr umrundet die Erde einmal die Sonne.

Werkstatt

Bewegung mit Folgen

Kannst du dir vorstellen, welche Bewegungen die Erde ausführt? Wie kann man diese Bewegungen zur Zeitmessung nutzen? Mithilfe der folgenden Versuche kannst du diese Fragen beantworten.

1 Wie Tag und Nacht entstehen

Material
Styropor®-Kugel (ca. 15 cm Durchmesser), Stricknadel, Stift, Taschenlampe

Versuchsanleitung
Diesen Versuch führst du am besten mit einem Partner durch. Stecke zunächst die Stricknadel möglichst genau durch die Mitte der Styropor®-Kugel. Die Nadel ist die Achse, um die sich deine Erde dreht.
Markiere auf der Kugel einen gut erkennbaren Punkt. Halte die Achse aufrecht (▷ B 1). Bitte deinen Partner, die Kugel von einer Seite mit der Taschenlampe zu beleuchten.

Tipp: Führt den Versuch in einem abgedunkelten Raum durch.

a) Stelle mit deiner Kugel die Bewegung nach, die die Erde im Verlauf eines Tages ausführt. Beachte dabei, dass sich die Erde von West nach Ost dreht.

b) Drehe die Erde immer nur ein Stückchen (von West nach Ost) weiter und halte sie immer dann an, wenn für den eingezeichneten Punkt folgende Aussagen zutreffen: Dort ist es
– kurz nach Sonnenaufgang,
– Mittag,
– kurz vor Sonnenuntergang,
– Mitternacht.

2 Sonnenuhr

2 Bau einer Sonnenuhr

Material
Blumentopf mit Sand, ein Bogen Pappe, Holzstab, Filzstift

Versuchsanleitung
Schneide aus der Pappe eine Scheibe aus, deren Durchmesser etwas größer ist als der des Blumentopfs. Durchbohre die Scheibe in der Mitte und stecke den Stab durch das Loch. Stecke den Stab in den mit Sand gefüllten Blumentopf. Stelle den Topf in die Sonne. Markiere zu jeder vollen Stunde mit dem Filzstift die Position des Schattens auf der Pappscheibe und notiere die zugehörige Uhrzeit (▷ B 3). An Sonnentagen kannst du auf deiner Sonnenuhr dann stets die Zeit ablesen. Allerdings darfst du ihren Standort nicht verändern!

1 Entstehung von Tag und Nacht im Modell

3 Blumentopf als Sonnenuhr

Der Mond – ein Begleiter der Erde

1 Die Mondphasen

2 Kraterlandschaft

3 Die Entstehung der Mondphasen

Steckbrief des Erdenmondes

Der Erdenmond ist der nächste Nachbar unserer Erde. Er ist etwa 380 000 km von ihr entfernt. Ein Lichtstrahl würde diese Strecke in 1,3 Sekunden zurücklegen. Der Mond ist kugelförmig und hat einen Durchmesser von ca. 3500 Kilometern. In die Erdkugel würden sechs Kugeln von der Größe des Mondes passen.

Die Oberfläche des Mondes ist von endlos vielen Kratern unterschiedlicher Größe übersät (▷ B 2). Die kleinsten haben einen Durchmesser von wenigen Zentimetern, der größte misst 20 Kilometer. Wenn du genau hinschaust, kannst du die Unebenheiten sogar mit bloßem Auge erkennen.

Ein Umlauf des Mondes um die Erde dauert etwas mehr als 27 Tage. Dabei wendet er der Erde immer dieselbe Seite zu. Das heißt, dass sich der Mond in dieser Zeit auch einmal um seine Achse dreht. Ein Mondtag bzw. eine Mondnacht dauert daher knapp 14 Erdentage.

Die Mondphasen

Von der Erde aus sieht man jede Nacht ein anderes „Bild" des Mondes (▷ B 1). Die Sonne beleuchtet nur eine Hälfte des Mondes, die andere Hälfte liegt im Schatten. Ist einem Betrachter die unbeleuchtete Seite zugewandt, sieht er den Mond nicht. Es ist **Neumond** (▷ B 3, links). In den folgenden Nächten wandert der Mond immer ein Stück weiter. Am Himmel wird eine Sichel sichtbar. Sie wird größer, bis der **Vollmond** erreicht ist. Nun sieht man auf der Erde die angeleuchtete Mondhälfte.
Anschließend nimmt der sichtbare Teil des Mondes wieder ab.

▶ Monde bewegen sich um die Planeten herum. Der Erdenmond braucht dafür etwas mehr als 27 Tage.

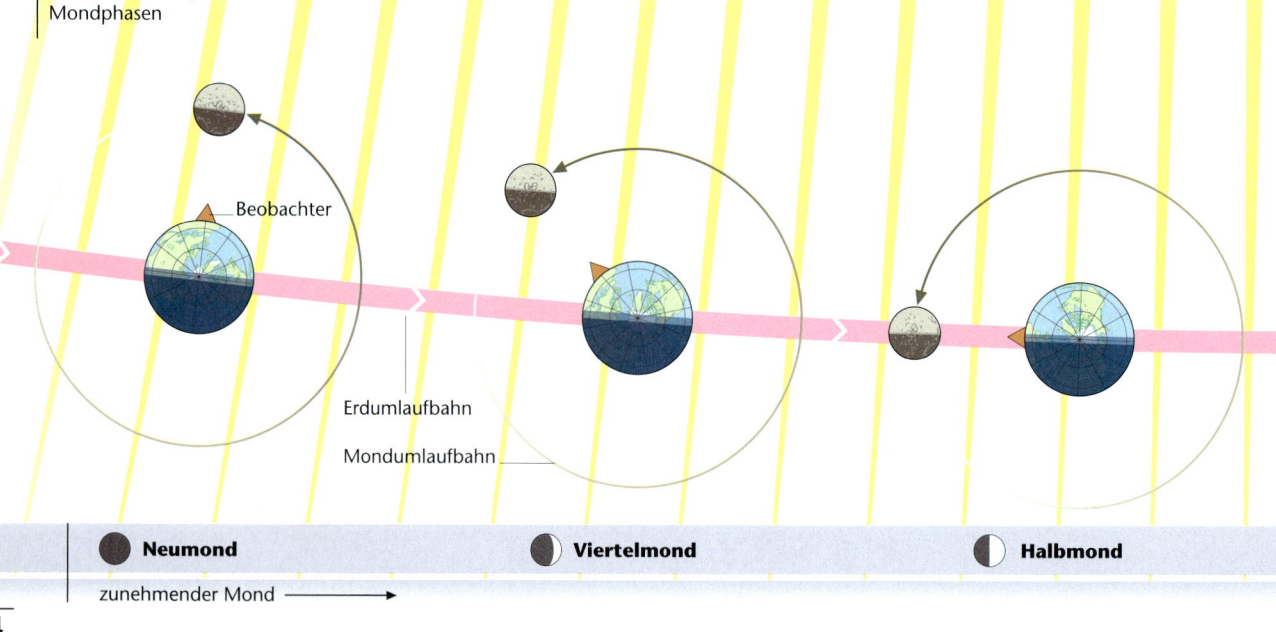

● **Neumond** ● **Viertelmond** ◐ **Halbmond**

zunehmender Mond ⟶

Beobachter

Erdumlaufbahn

Mondumlaufbahn

Werkstatt

Die Mondphasen im Modell

Führt diesen Versuch am besten zu zweit durch. Dunkelt den Raum etwas ab.

Material
Styropor®-Kugel, Holzspieß, Drehhocker, Taschenlampe

Versuchsanleitung
Stecke die Styropor®-Kugel auf den Holzspieß. Setze dich auf einen Drehhocker und halte die Kugel etwas über Augenhöhe in den Lichtkegel der Taschenlampe. Drehe dich langsam auf dem Hocker um die eigene Achse.
Beobachte, wie dir die Kugel unter der Beleuchtung erscheint. Erkläre deine Beobachtung. Erkennst du eine Verbindung zu den Mondphasen?

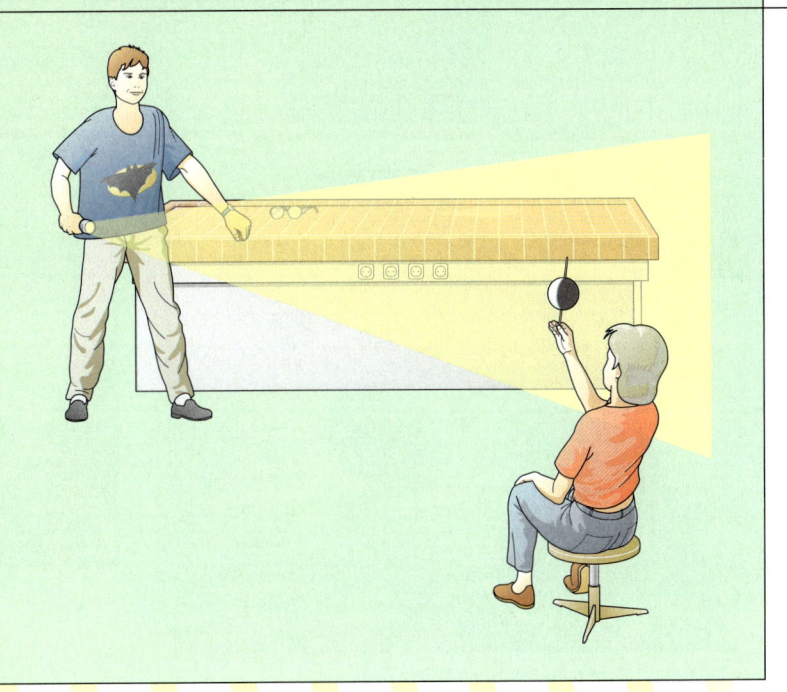

Einflüsse des Mondes

An den Küsten der Weltmeere steigt und fällt der Wasserspiegel zweimal am Tag. Diese Erscheinungen nennt man **Ebbe** und **Flut** oder auch Gezeiten. Sie werden unter anderem vom Mond verursacht.
Das Leben vieler Meerestiere wird vom Wechsel der Gezeiten und damit vom Mond beeinflusst. Bestimmte Meeresschildkröten legen z. B. ihre Eier bevorzugt dann, wenn bei Vollmond die Flut höher ansteigt. Außerdem schlüpfen einige Fliegenarten nur in hellen Vollmondnächten.

Aufgaben

1 a) Beobachte die verschiedenen Phasen des Mondes mit dem Fernglas. Erstelle jeweils eine Zeichnung des Mondes und notiere das Beobachtungsdatum.
b) Welche Zeit vergeht zwischen Neumond und Vollmond?

2 Warum ist der Mond mit unzähligen großen und kleinen Kratern übersät, die Erde aber nicht? Erkundige dich darüber im Internet, in Sachbüchern oder Lexika.

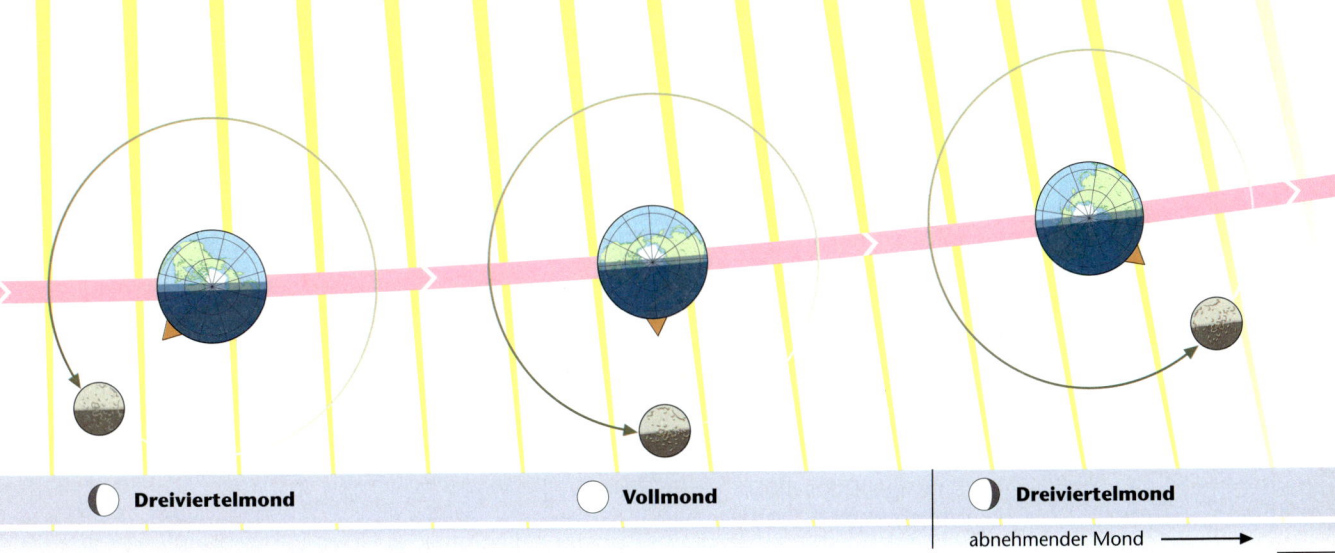

Dreiviertelmond   Vollmond   Dreiviertelmond

abnehmender Mond →

Schnittpunkt

Historische Weltbilder

1 Die Erde als Scheibe mit Himmelsgewölbe

2 Die Erde als Mittelpunkt des Weltalls

Frühe Weltbilder

Eine der frühesten Vorstellungen von der Erde ging davon aus, dass sie eine Scheibe sei. Über diese Scheibe sollte sich der Himmel wölben, an dem die Sterne und andere Himmelskörper angeheftet waren (▷ B 1). Unter der Erdscheibe sollte sich die Hölle befinden.

Da die Sonne auf und unter ging und sich auch die Lage der Sternbilder änderte, ging man davon aus, dass sich das Himmelsgewölbe drehen konnte.

Damals hatten die Seefahrer große Angst, den Rand der Scheibe zu erreichen und herunterzufallen.

Das geozentrische Weltbild

Griechische Astronomen (Himmelsforscher) waren die ersten, die behaupteten, dass die Erde eine Kugel sei. Beweisen konnten sie es aber nicht. Nach ihrem Weltbild stand die Erde im Zentrum des Weltalls. Die Sonne, die Planeten und die Sterne sollten sich auf Kreisbahnen um die Erde bewegen (▷ B 2).

Diese Vorstellung wird als **geozentrisches Weltbild** bezeichnet (griech. geos: Erde; Zentrum = Mittelpunkt).

Der Gelehrte PTOLEMÄUS (ca. 90–160 n. Chr.) fasste alle bis dahin gefundenen Erkenntnisse zum Aufbau der Welt in einem Buch zusammen. Deshalb wird das geozentrische Weltbild auch **ptolemäisches Weltbild** genannt.

Das heliozentrische Weltbild

Der polnische Mathematiker und Astronom NICOLAUS KOPERNIKUS (1473–1543; ▷ B 3) schuf mit seinen Forschungen die Grundlage für unser heutiges Weltbild:

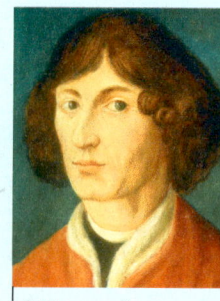

3 NICOLAUS KOPERNIKUS

Nach diesem Weltbild steht die Sonne im Zentrum des Sonnensystems. Alle Planeten, auch die Erde, bewegen sich auf Bahnen um die Sonne herum. Der Mond wiederum bewegt sich um die Erde.

Weil die Sonne (griech. helios: Sonne) den Mittelpunkt bildet, wird dieses Weltbild auch als **heliozentrisches Weltbild** bezeichnet.

Auch die Frage, ob die Erde eine Scheibe oder eine Kugel sei, wurde damit geklärt. Und so konnte sich im Jahr 1492 der Seefahrer CHRISTOPH KOLUMBUS auf den Weg machen, um nach Indien zu segeln.

Der Schatten aus dem All

1 Totale Sonnenfinsternis am 11.08.99

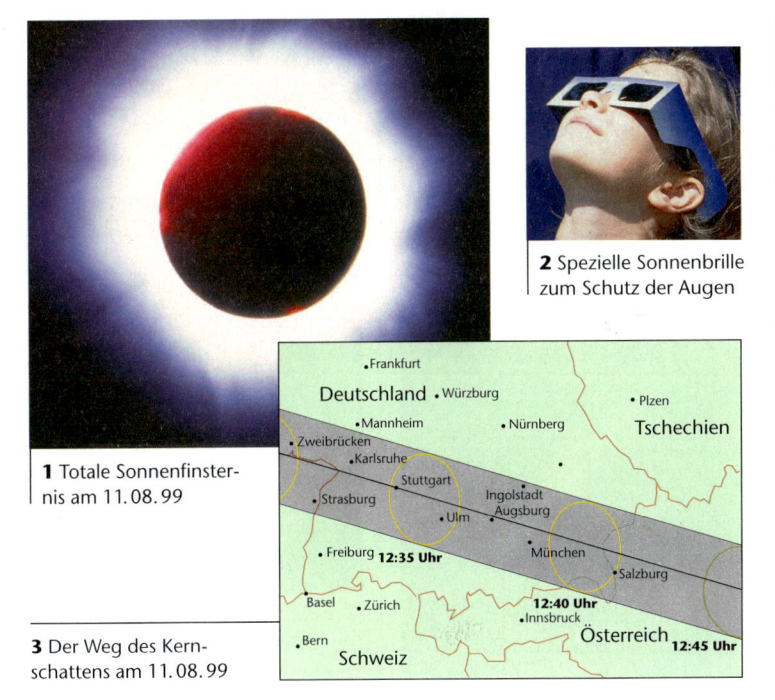

2 Spezielle Sonnenbrille zum Schutz der Augen

3 Der Weg des Kernschattens am 11.08.99

Die Mondfinsternis

Der Durchmesser der Erde ist viel größer als der des Mondes. Daher kann der Mond vollständig vom **Erdschatten** bedeckt werden (▷ B 5). Bewegt sich der Mond bei seinem Umlauf durch den Erdschatten, tritt eine **Mondfinsternis** auf. Sie dauert etwa zwei Stunden.

▶ Bei einer Mondfinsternis befindet sich der Mond im Erdschatten.

Die Sonnenfinsternis

Für den 11.08.1999 hatten sich tausende von Menschen eine besondere Sonnenbrille beschafft, um eine **Sonnenfinsternis** zu beobachten (▷ B 2). Wie kommt sie zustande?

Der Mond bewegt sich um die Erde. Wenn er sich zwischen Erde und Sonne befindet, kann er die Sonne „verdecken" (▷ B 4). Aber nur dort, wo der Kernschatten des Mondes auf die Erdoberfläche trifft, entsteht eine **totale Sonnenfinsternis** (▷ B 1). Außerhalb dieser Zone, im Halbschattenbereich, verfinstert sich die Sonne nur teilweise (**partielle Sonnenfinsternis**).

In Süddeutschland, das im Kernschatten des Mondes lag (▷ B 3), warteten die meisten Menschen vergeblich: der Himmel war wolkenverhangen. In Köln und Hamburg war es aber möglich, durch Wolkenlücken die partielle Sonnenfinsternis zu sehen.

▶ Bei einer Sonnenfinsternis wird die Sonne vom Mond verdeckt.

Aufgaben

1 Finde heraus, wann in Deutschland die nächste Sonnenfinsternis stattfindet.

2 Warum kann es bei Vollmond keine Sonnenfinsternis geben?

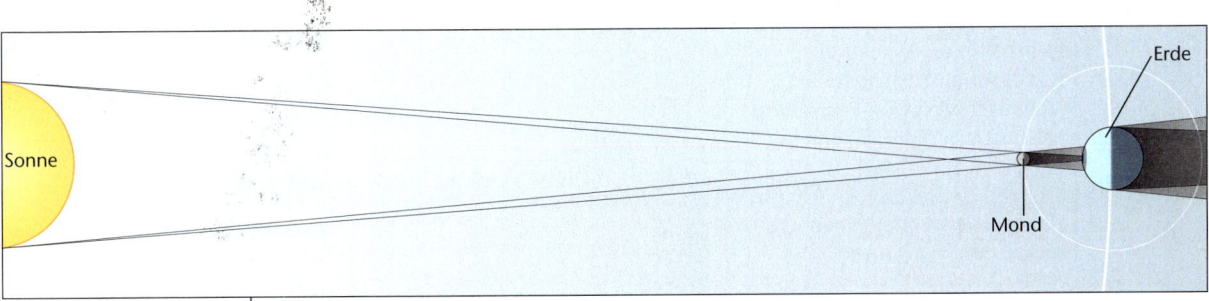

4 Bei einer Sonnenfinsternis fällt der Schatten des Mondes auf die Erde.

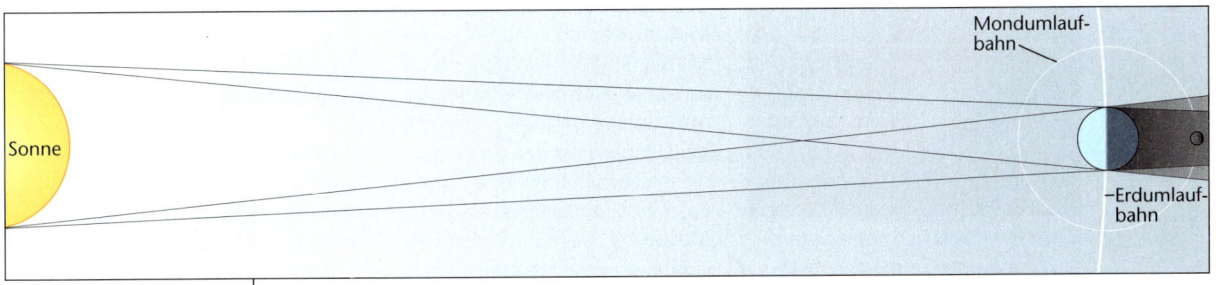

5 Bei einer Mondfinsternis befindet sich der Mond im Schatten der Erde.

Lexikon

Wissenswertes aus der Astronomie

Asteroiden sind planetenähnliche Himmelskörper, die aber viel kleiner als Planeten sind. Andere Bezeichnungen sind Kleinplanet und Planetoid. Es gibt mehrere Millionen Asteroiden, etwa 420 000 davon sind bekannt. Die meisten dieser Asteroiden bewegen sich auf einer Bahn um die Sonne, die zwischen der Marsbahn und der Jupiterbahn liegt.

Doppelsterne bestehen aus zwei Sonnen, die umeinander kreisen. Abhängig vom Abstand zwischen den Sternen und ihrer Masse betragen die Umlaufzeiten wenige Tage bis zu mehrere tausend Jahre. Beim mittleren Deichselstern des Großen Wagens handelt es sich z. B. um einen Doppelstern.

Als **Galaxie** (griech. galaxias: Milchstraße) wird eine große Ansammlung von Sternen und Sonnensystemen, von Gaswolken und sonstigen Himmelskörpern bezeichnet. Eine Galaxie ist ein besonders großes Sternsystem. Ihr Durchmesser kann mehrere hundert Lichtjahre betragen.

Gasnebel bestehen vorwiegend aus Staub und Gasmassen. In ihnen entstehen neue Sterne. Manche Gasnebel leuchten in bunten Farben.
Der bekannteste und für uns mit bloßem Auge sichtbare Nebel ist der Orionnebel im Sternbild des Orion. Er ist etwa 1500 Lichtjahre von uns entfernt und hat einen Durchmesser von 30 Lichtjahren.

Die **Kometen** sind Himmelskörper aus Gestein, Eis und gefrorenen Gasen. Ihre Durchmesser betragen bis zu mehrere Kilometer. Kometen besitzen eine Gashülle. Gelangen sie in die Nähe der Sonne, dann kann ein hell leuchtender Schweif entstehen. Er ist stets von der Sonne abgewandt und erreicht zum Teil eine Länge von mehreren Millionen Kilometern.

Meteoride sind Gesteinsbrocken, die die Sonne umkreisen. Wenn sie in die Lufthülle der Erde, die Atmosphäre gelangen, verglühen sie. Die ganz großen Brocken, die in sehr seltenen Fällen bis zur Erdoberfläche gelangen, heißen **Meteorite**. Beim ihrem Einschlag entstehen riesige Krater.
Wenn Meteoride in der Erdatmosphäre verglühen, sieht man sie für wenige Sekunden als helle Lichtstreifen. Diese Lichterscheinungen heißen **Meteore** oder auch Sternschnuppen.

Monde sind Begleiter der Planeten. Die Erde hat einen Mond. Der Erdenmond ist der am besten erforschte Himmelskörper, da er von Menschen bereits betreten wurde.

Planeten sind Himmelskörper, die sich auf Umlaufbahnen um die Sonne bewegen. Der Name kommt aus dem Altgriechischen und bedeutet „umherirren". Daher wurden Planeten früher auch als „Wandelsterne" bezeichnet.

Der Begriff **Satellit** kommt aus dem Lateinischen und bedeutet Leibwächter. In der Raumfahrt steht er für einen Himmelskörper, der einen anderen umkreist. Man unterscheidet künstliche und natürliche Satelliten. Zu den natürlichen Satelliten gehören die Monde und die Planeten. Künstliche Satelliten werden von der Erde aus ins Weltall gebracht. Sie erfüllen verschiedene Aufgaben: Sie beobachten z. B. das Wetter oder übertragen Fernsehprogramme.

Der Himmel bei Nacht

1 Das Sternbild Großer Wagen

3 Scheinbare Sternbahnen um den Polarstern

Entdeckungen am Nachthimmel
Betrachte in einer klaren Nacht einmal den Himmel: Du siehst neben dem Mond noch unzählige Sterne (▷B 1). Alle diese Sterne sind Sonnen, die unterschiedlich groß und unterschiedlich weit von uns entfernt sind.
Manchmal sind neben den Sternen auch einige Planeten zu sehen. Sie durchwandern den Nachthimmel, weil sie sich um die Sonne bewegen.
Aber nicht nur die Planeten, der ganze **Sternenhimmel** scheint von Ost nach West über uns hinweg zu wandern (▷B 3). Ursache dafür ist, dass sich die Erde um ihre Achse dreht.

Planeten am Nachthimmel
Unser Nachbarplanet Venus ist der hellste Himmelskörper am Himmel. Er ist für dich leicht zu finden. Die Venus ist oft in der Nähe der aufgehenden oder untergehenden Sonne zu finden (▷B 2). Deshalb bezeichnet man die Venus auch als **Morgenstern** oder **Abendstern**.

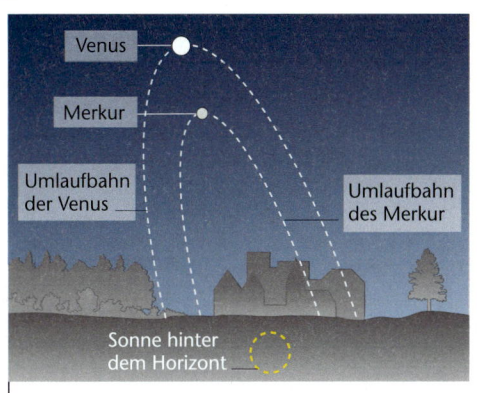

Wenn Saturn und Jupiter am Nachthimmel erscheinen, dann sind sie die ganze Nacht über zu sehen. Bei guten Bedingungen kann man auch den Merkur beobachten. Die anderen Planeten sind dagegen nur schwer zu erkennen, denn sie sind zu klein oder zu weit entfernt.

Der Polarstern
Der Polarstern ist ein besonderer Stern: Er steht über der Drehachse der Erde. Daher befindet er sich für einen Beobachter auf der Erde immer an der gleichen Stelle. Dagegen bewegen sich die anderen Sterne aufgrund der Erddrehung scheinbar auf Kreisen um den Polarstern (▷B 3).
Früher war der Polarstern für die Seefahrer eine wichtige **Orientierungshilfe** in der Nacht, weil er die Nordrichtung anzeigt. Du kannst den Polarstern am Himmel leicht finden: Suche zunächst das Sternbild „Großer Wagen". Verbinde die beiden hinteren, hellen Sterne des Sternbilds. Wenn du diesen Abstand sechsmal verlängerst, triffst du auf den Polarstern (▷B 1).

2 Die Bahnen von Venus und Mars am Nachthimmel

Aufgaben

1. Erkundige dich bei einer Sternwarte oder im Internet, wann und wo gerade Planeten zu sehen sind. Suche mit bloßem Auge und mit einem Fernglas (auf einem Stativ) nach ihnen. (Tipp: Betrachte den Himmel möglichst fernab von störenden Lichtquellen).

2. Besorgt euch Sternkarten und zeichnet wie in Bild 1 in Gruppen auf großen Plakaten einige der bekannten Sternbilder.

Schnittpunkt
Das Planetarium

1 Vorführung in einem Planetarium

Faszination Sternenhimmel
Wenn du in einer klaren Nacht in den Himmel schaust, siehst du unzählige Sterne funkeln. Je besser sich deine Augen an die Dunkelheit gewöhnt haben, desto mehr leuchtende Punkte entdeckst du. Leider ist der Himmel oft bewölkt oder die nächtliche Beleuchtung der Stadt stört dich bei deiner Beobachtung.

Das Planetarium
In einem Planetarium (▷ B 3) kann man den Sternenhimmel unabhängig von der Uhrzeit, dem Ort und dem Wetter betrachten. Ein Planetarium ist ein Gebäude mit einer großen Kuppel. Diese Kuppel stellt das Himmelsgewölbe dar.
Der zentrale Teil des Planetariums ist der Sternenprojektor (▷ B 2). Dieses Gerät enthält viele Projektoren, die auf der Innenfläche der Kuppel Bilder des Himmels erzeugen (▷ B 1). Einige der Projektoren stellen Sternbilder dar, andere bilden veränderliche Himmelskörper wie den Mond und die Planeten ab. Schließlich gibt es Projektoren, die die Namen der Himmelserscheinungen angeben.

Vorführungen im Planetarium
Der Sternenprojektor ist in alle Richtungen dreh- und schwenkbar. Er wird von einem Computer gesteuert. Deshalb kann man im Planetarium die scheinbare Bewegung der Himmelskörper im Verlauf einer Nacht, eines Jahres oder sogar eines Jahrhunderts zeigen. Dabei laufen diese Bewegungen sehr viel schneller als in Wirklichkeit ab. Außerdem kann der Sternenhimmel für jede beliebige Nacht der Vergangenheit und der Zukunft erzeugt werden. Gleichzeitig wird erklärt, was unter der Kuppel zu sehen ist.

2 Sternenprojektor

3 Planetarium

Strategie

Besuch einer Sternwarte

Eure Nawi-Lehrerin hat euch den Auftrag gegeben, den Besuch einer Sternwarte vorzubereiten.

Heute Nachmittag trifft sich eure Planungsgruppe zum ersten Mal. Notiert euch die wichtigsten Punkte, um eine Übersicht über die anstehenden Arbeiten zu bekommen.

Wie können wir unsere Ergebnisse präsentieren?

Was kostet der Ausflug?

Welche Fragen haben wir an die Mitarbeiter der Sternwarte?

Was müssen wir vor dem Besuch organisieren?

Wie kommen wir dorthin?

Ein vorbereitender Besuch der Sternwarte ist sinnvoll. Ruft die Mitarbeiterin oder den Mitarbeiter vorher an und vereinbart einen Termin. Bis dahin könnt ihr Fragen sammeln. Erstellt dafür am besten eine Liste (▷ B 1).

1 Vorbereitung des Besuchs einer Sternwarte

Organisatorisches	Inhaltliches
– Wie groß darf die Gruppe maximal sein?	– Welche Sterne sehen wir in diesem Monat?
– Sollen wir eigene Ferngläser mitbringen?	– Können wir die ISS sehen?
– Gibt es außer dem Teleskop noch eine Ausstellung?	– Was sind Sternhaufen, Spiralnebel, Sonnenflecken und Mondphasen?
– Lohnt sich der Besuch auch bei schlechtem Wetter?	– Wie lautet der Titel des Programms?

Ihr könnt auch ein Arbeitsblatt für die Klasse entwerfen. Zeigt es, wenn es fertig ist, noch einmal eurer Lehrerin oder eurem Lehrer oder dem für die Führung Verantwortlichen.

Eure Schulkameraden oder eure Eltern interessieren sich sicher auch für das, was ihr beim Besuch der Sternwarte erlebt habt. Gestaltet eine kleine Ausstellung mit Bildern, Broschüren und Berichten. Die Mitarbeiter der Sternwarte unterstützen euch sicher gern dabei.

Werkstatt

Bau einer Sternkarte

Material
Schere, Papier, fester Karton, Klebstoff, 2 Büroklammern, Kompass

Bauanleitung
a) Kopiere die Grundscheibe und die Deckscheibe und schneide beide aus.

b) Klebe die Grundscheibe auf festen Karton. Schneide den überstehenden Karton ab.

c) Schneide aus der Deckscheibe die weiße ovale Fläche aus.

Benutzung der Karte
Auf der Grundscheibe ist der gesamte nördliche Sternenhimmel zu sehen. Am Rand befindet sich ein Kalender. Am Rand der Deckscheibe ist die Uhrzeit angegeben.

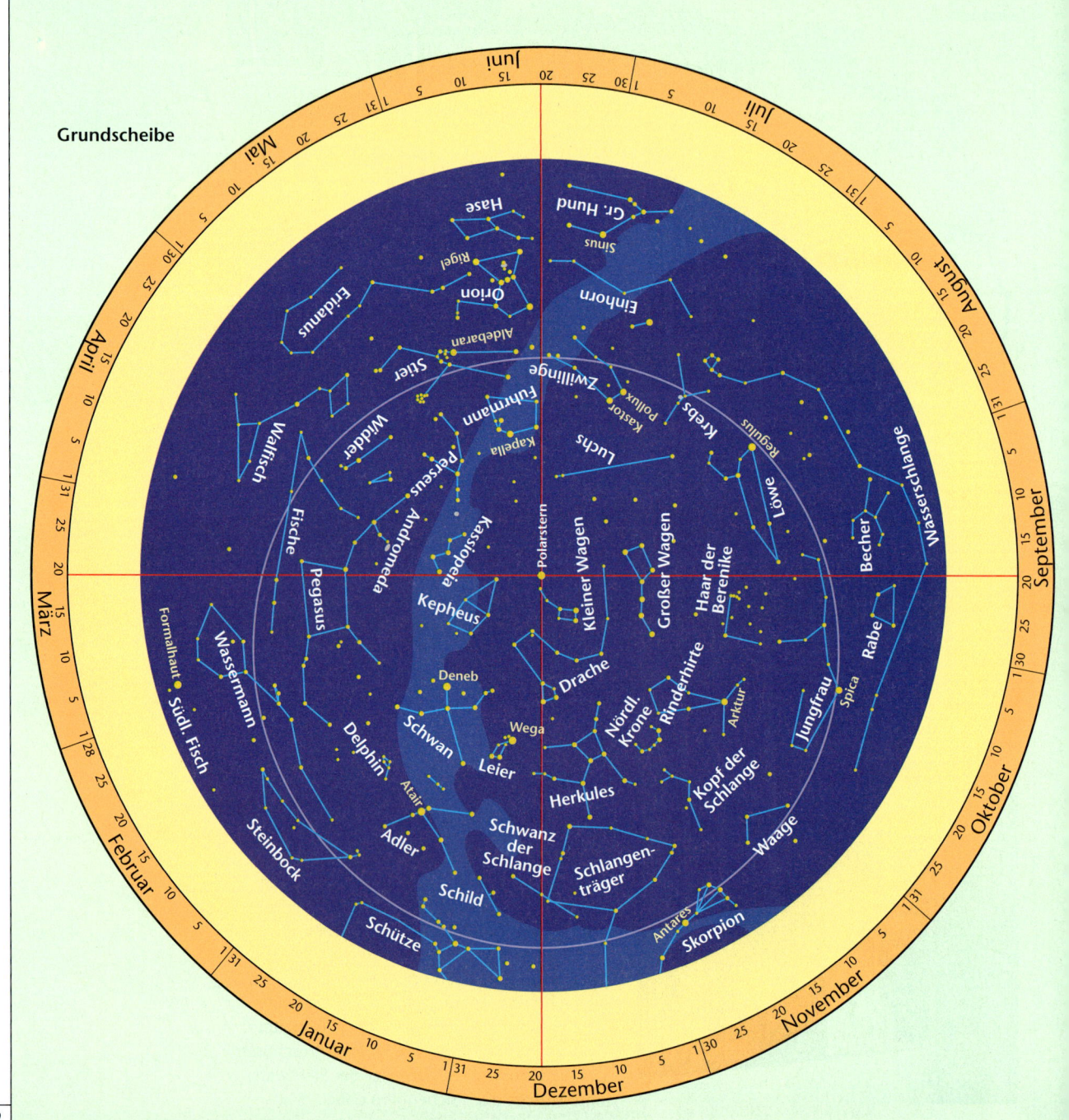

Grundscheibe

Beispiel: Du möchtest am 10. Dezember um 20 Uhr den Sternenhimmel betrachten.

a) Lege die Deckscheibe so auf die Grundscheibe, dass 20 Uhr und der 10. Dezember übereinander liegen.
In dem ovalen Fenster kannst du nun den aktuellen Sternenhimmel sehen.

b) Befestige die Deckscheibe mit den beiden Büroklammern auf der Grundscheibe.

c) Bestimme mit dem Kompass die Himmelsrichtungen.

d) Drehe nun die beiden Scheiben so, dass die Himmelsrichtung, in die du gerade schaust, nach unten zeigt.

Tipps zur besseren Orientierung:
1. Suche zuerst den Polarstern mithilfe des Sternbilds Großer Wagen.
2. Du kannst die Sternkarte besser lesen, wenn du sie mit einer Taschenlampe beleuchtest, die mit einer roten Folie beklebt ist.
3. Denke daran: Wenn deine Beobachtungen länger dauern, musst du die Uhrzeit auf deiner Sternkarte anpassen.

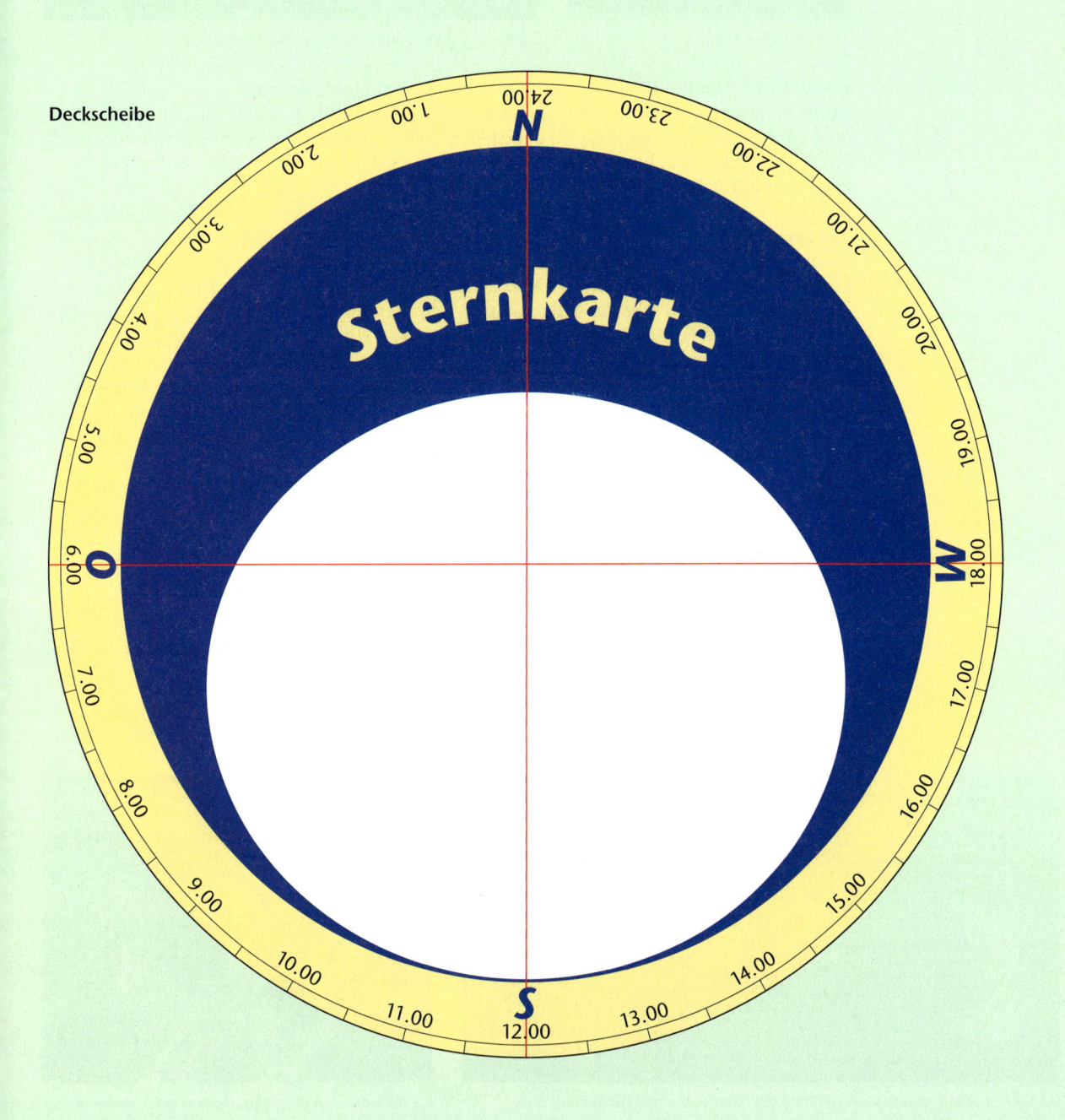

Deckscheibe

So funktionieren Fernrohre

1 Historisches Fernrohr

4 Ein Fernglas ist aus zwei Fernrohren aufgebaut.

Wenn du sehr kleine Dinge untersuchen willst, betrachtest du sie durch eine Lupe oder ein Mikroskop. Möchtest du dagegen etwas weit Entferntes betrachten, ist ein Fernrohr hilfreich.

Das Fernrohr
Wenn du einen Gegenstand durch ein **Fernrohr** betrachtest, scheint er näher an dich heranzurücken. Wie das Mikroskop enthält auch das Fernrohr Linsen aus Glas. Sie verändern den Weg der Lichtstrahlen so, dass wir ein vergrößertes Bild des Gegenstands sehen.

Das einfachste Fernrohr besteht aus zwei Sammellinsen. Die vordere Linse ist das Objektiv. Es erzeugt ein umgekehrtes Bild des Gegenstands. Das Bild wird durch die zweite Linse wie durch eine Lupe vergrößert. Diese zweite Linse ist das Okular des Fernrohrs.
Der Astronom JOHANNES KEPLER (1571–1630) hat mit einem solchen Fernrohr das Weltall erkundet. Man nennt es auch keplersches oder astronomisches Fernrohr.

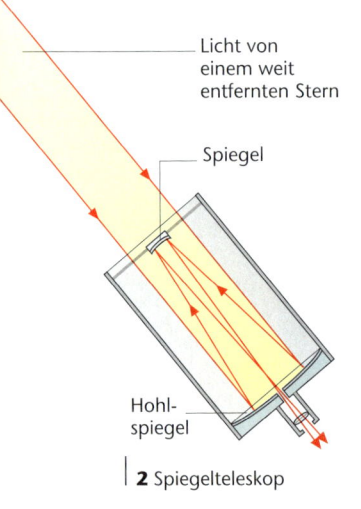

Licht von einem weit entfernten Stern
Spiegel
Hohlspiegel

2 Spiegelteleskop

Das Spiegelteleskop
Um einen Blick ins Weltall zu werfen, reicht das beschriebene Fernrohr, das auch **Linsenteleskop** genannt wird, nicht aus.

Wenn man das schwache Licht weit entfernter Sterne einfangen möchte, benötigt man ein Objektiv mit großem Durchmesser. Linsen aus Glas können allerdings nur mit einem maximalen Durchmesser von etwa 120 cm gefertigt werden.

Daher verwendet man anstelle von Glaslinsen einen Spiegel (▷ B 2). Er bündelt das einfallende Licht und lenkt es ins Okular um. Der größte, aus einem Stück bestehende Spiegel, der in einem Teleskop im Einsatz ist, hat einen Durchmesser von 6 m. Bei anderen Großteleskopen besteht der Hauptspiegel aus mehreren einzelnen Spiegelteilen, so erreicht man Durchmesser von bis zu 11 m.

Aufgabe
1 Erstelle einen Steckbrief zu dem Astronomen JOHANNES KEPLER.

3 Von einer Sternwarte aus kann man den Sternenhimmel betrachten.

5 Blick durch das Spiegelteleskop einer Sternwarte

Werkstatt

Wir bauen ein Fernrohr

Eine Lupe hast du schon kennen gelernt. Mit ihr kannst du kleine Gegenstände vergrößert betrachten.

Lupen enthalten Linsen, die das Licht bündeln. Je stärker die Wölbung der Linse ist, desto stärker werden die Lichtstrahlen gebrochen. Die Lichtstrahlen treffen sich dann in geringerem Abstand hinter der Linse (▷ B 1). Der Punkt, in dem sich die Lichtstrahlen treffen, heißt Brennpunkt, sein Abstand zur Linsenmitte ist die Brennweite der Linse.

Wenn du nun zwei solcher Sammellinsen mit unterschiedlicher Brennweite im richtigen Abstand zueinander an einer Papprohre befestigst, erhältst du ein einfaches Fernrohr.

Material
2 Papprohren (jeweils von einer Rolle Küchen- und Toilettenpapier), Malkasten, dicker Pinsel, Schere, Klebstreifen, Knetmasse, 2 Linsen (Brennweiten 5 cm und 20 cm)

Bauanleitung
a) Kürze die lange Papprohre auf etwa 22 cm. Schneide die kurze Röhre der Länge nach auf.
b) Male beide Röhren innen schwarz aus.
c) Rolle die kurze Röhre etwas zusammen, sodass sie in die lange Röhre gesteckt werden kann. Klebe die kurze Röhre zusammen, wenn sie den richtigen Durchmesser hat (▷ B 2).
d) Befestige an einem Ende der langen Röhre mit Knetmasse die flache Linse mit der größeren Brennweite. Befestige am Ende der kurzen Röhre die Linse mit der kleineren Brennweite. Notiere auf der Papprohre jeweils die Brennweite der Linse.
e) Stecke die kürzere Papprohre mit dem offenen Ende voraus in die längere Röhre (▷ B 2).

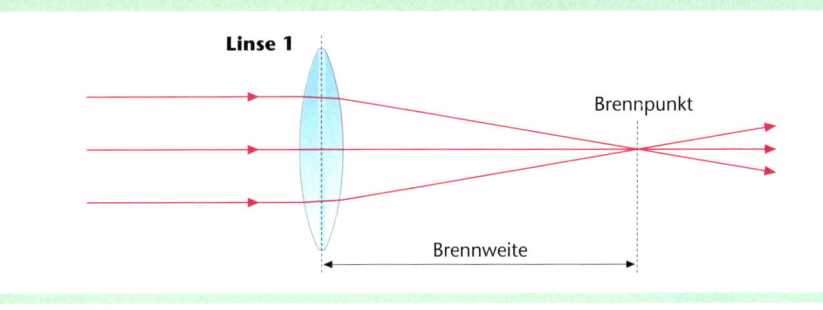

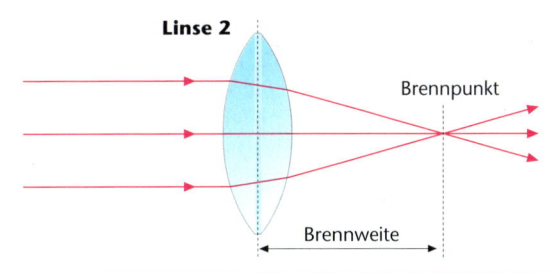

1 Linsen mit verschiedenen Brennweiten

Achtung: Du darfst **nie** mit bloßen Augen und erst recht nicht mit dem Fernrohr in die Sonne schauen! Schwerste Augenschäden wären die Folge!

So verwendest du dein Fernrohr
Nun ist dein einfaches Fernrohr fertig. Die Papprohre mit der Linse kleinerer Brennweite ist das Okular. Dort schaust du hinein. Die andere Röhre ist das Objektiv.

Während du hindurchsiehst, musst du die Röhren so lange gegeneinander verschieben, bis ein scharfes Bild zu sehen ist.

Dein Fernrohr hat allerdings einen kleinen „Schönheitsfehler". Das Bild, das du siehst, steht auf dem Kopf. Das ist bei allen astronomischen Fernrohren so. Wenn du allerdings den Mond oder den Sternenhimmel betrachtest, spielt das keine Rolle.

Wie stark vergrößert dein Fernrohr?
Der Vergrößerungsfaktor deines Fernrohrs lässt sich berechnen.

Dazu dividiert man die Brennweite der Objektivlinse durch die Brennweite der Okularlinse.

Für dein Fernrohr bedeutet das:
20 cm : 5 cm = 4
Dein selbstgebautes Fernrohr vergrößert also vierfach.

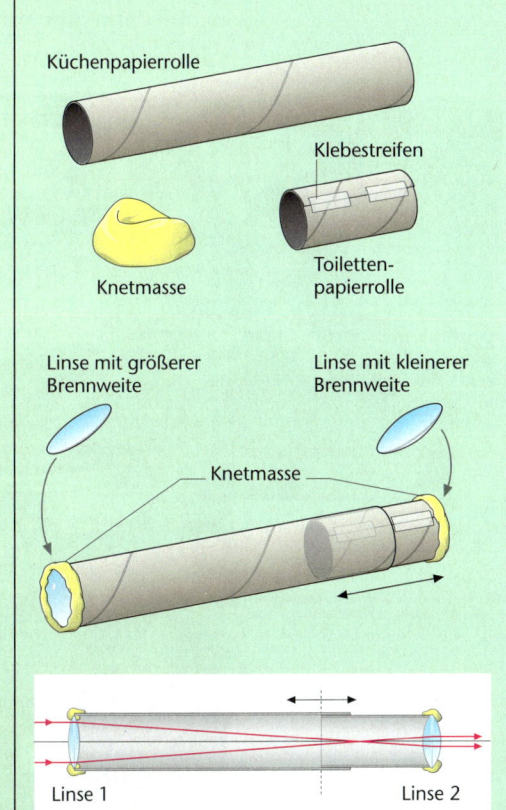

2 Ein selbstgebautes Fernrohr

Schnittpunkt

Die internationale Raumstation ISS

1 Juri Gagarin

Der Traum vom Leben im Weltall

Im Jahr 1961 umkreiste Juri Gagarin als erster Mensch die Erde in einem Raumschiff. Mit diesem Ereignis schien der Traum vom Leben im Weltall in greifbare Nähe gerückt zu sein.

Zunächst wetteiferten Amerikaner und Russen um die Führung bei der Eroberung des Weltraums. Allerdings war die Forschung sehr teuer. Daher beschlossen die USA, die Europäische Union, Kanada, Japan, Russland und Brasilien, zusammen eine Weltraumstation zu bauen und zu nutzen.

Der Bau der ISS

Der erste Teil der „International Space Station" wurde 1998 mit einer russischen Rakete in eine 400 km hohe Umlaufbahn geschossen. 40 Raketen- oder Shuttleflüge werden nötig sein, bis die Station fertig ist.

Im Jahr 2000 zog die erste Langzeitbesatzung ein. Später sollen bis zu sieben Personen in der Raumstation arbeiten. Die Raumstation soll bis 2011 fertig ausgebaut sein und dann mindestens bis 2016 weiterbetrieben werden.

Die Aufgaben der Raumstation

Die Wissenschaftler sollen in der Raumstation vor allem Experimente durchführen, für die Schwerelosigkeit notwendig ist. In der Schwerelosigkeit lassen sich z. B. reinere Kristalle züchten als auf der Erde.

Auch die Medizin nutzt die besonderen Bedingungen: Wenn Muskeln und Knochen nicht belastet werden, bilden sie sich zurück und werden schwächer. In der Raumstation können Geräte erprobt werden, die dem entgegenwirken.

Forschung für die Industrie

Staatliche Institute und private Firmen können Forschungsaufträge erteilen. Die Forschungsaufgaben werden zwischen den beteiligten Ländern abgestimmt. In Deutschland ist das Deutsche Zentrum für Luft- und Raumfahrt in Köln für die Koordination zuständig.

Wohnen in der Raumstation

In der Raumstation können sich die Bewohner in normaler Kleidung aufhalten. Die Luft hat fast die gleiche Zusammensetzung wie auf der Erde und die Temperatur beträgt etwa 22 °C.

Die Fortbewegung in den Räumen muss gut geübt sein. Ein kleiner Schubs gegen die Wand und schon schwebt man in die entgegengesetzte Richtung.

2 Laborarbeiten

3 Der erste Weltraumtourist

Steckbrief der ISS	
Länge	80 m
Spannweite	109 m
Nutzbarer Innenraum	1200 m³
Solarzellenfläche	4500 m²
Erdumrundung	90 min
Geschwindigkeit	29 000 km/h

4 Die internationale Raumstation ISS

Wer macht den Hausputz?
Wasser kann in der Schwerelosigkeit zum Putzen nicht benutzt werden. Verwendet werden ein besonderer Staubsauger und Tücher, die mit einem Desinfektionsmittel getränkt sind.

Gesundheitsgefahren
In der ersten Zeit in der Raumstation leiden die meisten Raumfahrer unter der so genannten Raumkrankheit. Die Raumfahrer haben Kopfschmerzen, ihnen ist schwindelig und übel. Grund dafür ist, dass der Gleichgewichtssinn aufgrund der fehlenden Schwerkraft gestört ist.
Bei längerem Aufenthalt in der Schwerelosigkeit werden die Knochen brüchig und die Muskeln werden schwächer. Um dies zu verhindern, müssen die Astronauten täglich zwei bis drei Stunden an verschiedenen Geräten trainieren (▷ B 6).

Essen und Trinken
Die Speisen werden als getrocknete Portionen von der Erde mitgebracht (▷ B 5). In der Raumstation werden sie mit Wasser gemischt und in der Mikrowelle aufgewärmt. Die Astronauten müssen das Essen allerdings aus dem Beutel saugen. Damit verhindert man, dass Tropfen austreten und eines der vielen Geräte verschmutzen.

Der Raumanzug
Für Außenarbeiten müssen die Astronauten einen Raumanzug tragen (▷ B 8), denn draußen gibt es keine Luft. Der Raumanzug muss deshalb absolut luftdicht sein. Der Rucksack enthält Atemluft und ein Kühlsystem, um die Körperwärme abzuführen, denn der Anzug ist so gut isoliert, dass er keinen Wärmeaustausch zulässt.

Die tägliche Hygiene
Selbst einfache Dinge wie die Benutzung der Toilette sind in der Raumstation kompliziert. Ohne Schwerkraft fließt nichts von selbst ab. Deshalb muss alles gründlich abgesaugt werden.

Was macht man nach der Arbeit?
Die Forscher können auch persönliche Sachen zur Station mitnehmen. Sie können z. B. lesen, CDs hören oder per Videotelefon mit ihrer Familie telefonieren. In den Schlafkojen müssen sich die Raumfahrer anschnallen (▷ B 7), damit sie nicht davonschweben.

8 Astronaut bei der Arbeit

Aufgaben

1. Suche im Internet Links mit dem Suchbegriff „Raumstation ISS". Dort findest du weitere Informationen.

2. Stell dir vor, du wärst in der Raumstation ISS. Was wäre für dich dort anders als auf der Erde?

5 Essen und Trinken

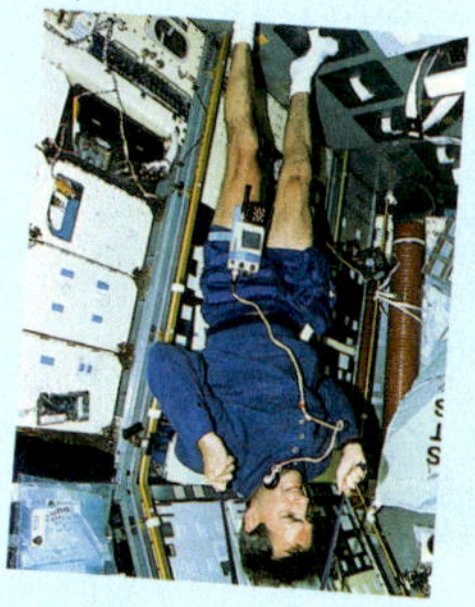

6 Fitnessprogramm

7 Schlafen auf der ISS

Schlusspunkt

Sonne, Mond und Sterne

▶ Das Weltall
Das Weltall besteht aus vielen Milliarden Galaxien. Eine davon ist unsere Milchstraße. Sie hat einen Durchmesser von 100 000 Lichtjahren. Die Milchstraße umfasst mehrere hundert Milliarden Sterne. Unsere Sonne ist einer dieser Sterne.

- Merkur
- Venus
- Erde
- Mars

Jupiter

Saturn

Uranus

Neptun

▶ Das Sonnensystem
Unser Sonnensystem besteht aus der Sonne und acht Planeten, die sie umkreisen. Die Planeten heißen Merkur, Venus, Erde, Mars, Jupiter, Saturn, Uranus und Neptun. Sie sind unterschiedlich groß und unterschiedlich aufgebaut.
Die meisten Planeten werden von einem oder mehreren Monden umrundet. Unsere Erde hat einen Mond, der Jupiter mindestens 61.

▶ Die Sonne
Die Sonne ist ein riesiger glühender Gasball. Sie ist 13 000 000-mal größer und 330 000-mal schwerer als die Erde. In ihrem Innern herrschen Temperaturen von 15 000 000 °C, an der Oberfläche betragen sie noch 6 000 °C.
Auf der Oberfläche der Sonne bilden sich manchmal Sonnenflecken. Dort ist die Temperatur niedriger (etwa 4 500 °C). Bisweilen gibt es auf der Sonne gewaltige „Explosionen". Dabei werden große Mengen Gas ins Weltall geschleudert.

▶ Unsere Erde
Die Erde steht, von der Sonne aus betrachtet, an dritter Stelle. Sie hat eine günstige Entfernung zur Sonne und eine Gashülle, die hauptsächlich Stickstoff und Sauerstoff enthält. Diese Voraussetzungen haben Leben auf der Erde ermöglicht.
Die Erde bewegt sich um ihre eigene Achse. Eine volle Umdrehung dauert 24 Stunden. Das entspricht in unserer Zeitmessung einem Tag. Wie die anderen Planeten bewegt sich auch die Erde um die Sonne. Die Dauer eines vollständigen Umlaufs um die Sonne beträgt etwas mehr als 365 Tage.

▶ Der Mond
Der Mond ist ein Begleiter der Erde. Für einen Umlauf um die Erde benötigt er ca. 27 Tage. Dabei dreht er sich einmal um seine eigene Achse. Daher wendet er der Erde immer die gleiche Seite zu.
Der Mond zeigt sich, von der Erde aus betrachtet, in unterschiedlichen Mondphasen (▷ B 1) – von Neumond bis Vollmond.

▶ Historische Weltbilder
Eine der frühesten Vorstellungen von der Erde war, dass sie eine Scheibe sei. Den Himmel stellte man sich als drehbare Kuppel vor, an dem die Himmelskörper befestigt waren.

2 Frühes Weltbild – die Erde als Scheibe

Die Griechen entwickelten das geozentrische Weltbild. Im Mittelpunkt des Weltalls steht hier die kugelförmige Erde, um die sich die Himmelskörper bewegen. Beim heliozentrischen Weltbild bildet die Sonne das Zentrum des Weltalls. Alle Himmelskörper bewegen sich auf Bahnen um die Sonne.

▶ Finsternisse
Bei der Mondfinsternis befindet sich der Mond im Erdschatten. Bei der Sonnenfinsternis wirft der Mond seinen Schatten auf die Erde.

▶ Die Raumstation ISS
Seit 1998 umkreist das erste Modul der Raumstation ISS in 400 km Höhe die Erde. Seit 2000 arbeiten ständig mehrere Astronauten an Forschungsaufträgen sowie am Ausbau der Station. Die Station soll bis 2016 in Betrieb bleiben.

1 Abnehmender Mond

Sonne, Mond und Sterne

3 Zu Aufgabe 4 **4** Zu Aufgabe 11 **5** Zu Aufgabe 13

Aufgaben

1 Erkläre, woher die Milchstraße ihren Namen hat.

2 a) Was ist ein Lichtjahr?
b) In einer Sekunde legt das Licht eine Entfernung von 300 000 km zurück. Berechne, welche Strecke das Licht in einer Minute, einer Stunde und an einem Tag zurücklegt.
c) Der Neptun ist der äußerste Planet unseres Sonnensystems. Er ist ca. 4 Lichtstunden von der Sonne entfernt. Gib die Entfernung in Kilometern an.

3 a) Erstellt in kleinen Gruppen Informationsplakate zu den einzelnen Planeten.
b) Tragt die Ergebnisse der Klasse vor und gestaltet in der Schule eine Informationswand mit dem Thema: „Die Planeten unseres Sonnensystems."

4 An den Polen der Erde kann man manchmal Leuchterscheinungen, so genannte Polarlichter beobachten (▷ B 3). Wie kommen sie zustande?

5 Vergleiche den Mars mit der Erde. Stelle die Eigenschaften der beiden Himmelskörper in einer Tabelle gegenüber.

6 Vergleiche Fernrohr und Mikroskop. Nenne Gemeinsamkeiten und Unterschiede.

7 Erkläre, warum uns der Mond immer die gleiche Seite zuwendet. Überlege dir einen Versuch, mit dem du das deinen Mitschülern zeigen und erklären kannst.

8 Gib an, welche Einflüsse der Mond auf die Erde hat.

9 Auf der Tagseite des Mondes herrschen Temperaturen von +117 °C, auf der Nachtseite betragen sie –173 °C. Wie ist dieser große Temperaturunterschied möglich? Was ist auf der Erde anders?

10 Erkläre, was man unter dem geozentrischen und dem heliozentrischen Weltbild versteht.

11 a) Erkläre, warum es häufiger Mondfinsternisse als Sonnenfinsternisse (▷ B 4) gibt.
b) Überlege, wie man die Finsternisse in einem Modell nachstellen kann.

12 Nimm einmal an, dass alle Sterne unserer Milchstraße dieselbe Entfernung voneinander haben. Nun verkleinert man alle Maße auf den billionsten Teil. Die Sterne besitzen dann etwa die Größe von Stecknadelköpfen und sind durchschnittlich 100 km voneinander entfernt.
Gib sechs Beispiele für europäische Städte an, die ebenfalls etwa 100 km voneinander entfernt sind. Wo könnten die Stecknadel-Sterne zu finden sein?

13 Heute beobachtet man Sterne und Galaxien kaum noch mit Fernrohren, sondern mit Spiegelteleskopen (▷ B 5).
a) Welche Unterschiede bestehen zwischen einem Fernrohr und einem Spiegelteleskop?
b) Welche Aufgabe hat der große nach innen gewölbte Spiegel?

14 Du möchtest ein Fernrohr nach der Anleitung auf Seite 55 bauen. Allerdings hast du nur Sammellinsen mit beispielsweise 250 mm, 300 mm, 100 mm und 50 mm Brennweite zur Verfügung.
a) Wie groß muss der Abstand zwischen Objektivlinse und Okularlinse sein, damit du ein scharfes Bild siehst? Führe mit verschiedenen Linsenkombinationen Versuche durch, um dies herauszufinden. Erstelle ein Protokoll zu deiner Untersuchung.
b) Erkennst du einen Zusammenhang zwischen dem erforderlichen Abstand der beiden Linsen und ihrer jeweiligen Brennweite? Formuliere in deinem Protokoll einen Merksatz dazu.
c) Informiere dich über den Aufbau eines galileischen oder holländischen Fernrohrs. Nenne die Unterschiede zum keplerschen Fernrohr.

Basiskonzept

System

In allen Bereichen der Naturwissenschaften hast du es mit Systemen zu tun. Von einem System spricht man, wenn mehrere Elemente (Einzelteile) zusammen eine Einheit bilden. Dabei erfüllt jedes Element eine bestimmte Aufgabe und trägt damit zum Funktionieren des Systems bei. In den Naturwissenschaften untersucht und beschreibt man die Funktion der einzelnen Elemente. Darüber hinaus wird geprüft, wie sich die Elemente des Systems gegenseitig beeinflussen und wie sich die Änderung eines Elements auf das System auswirkt.

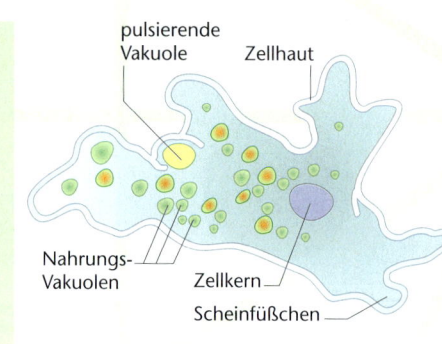

Organell

Organell
Wörtlich übersetzt bedeutet dies „kleines Organ". Gemeint sind die membranumschlossenen Untereinheiten einer pflanzlichen oder tierischen Zelle. Sie übernehmen dort ähnlich den Organen im Organismus bestimmte Funktionen. So kann das eingeschlossene „Futter" in der Nahrungsvakuole der Amöben verdaut oder der Wasserhaushalt durch die pulsierende Vakuole geregelt werden.

Organellen bilden keine eigenen Systeme. Sie sind Elemente des Systems „Zelle".

Sonnensystem

Sonnensystem
Sonne und Erde sind Teile eines Systems, in dem die Sonne das Zentrum bildet. Die Erde bewegt sich um dieses Zentrum herum. Gleichzeitig führt sie eine Drehung um die eigene Achse aus.
Folgen dieser Bewegung im System sind der Wechsel von Tag und Nacht sowie die Entstehung der Jahreszeiten.

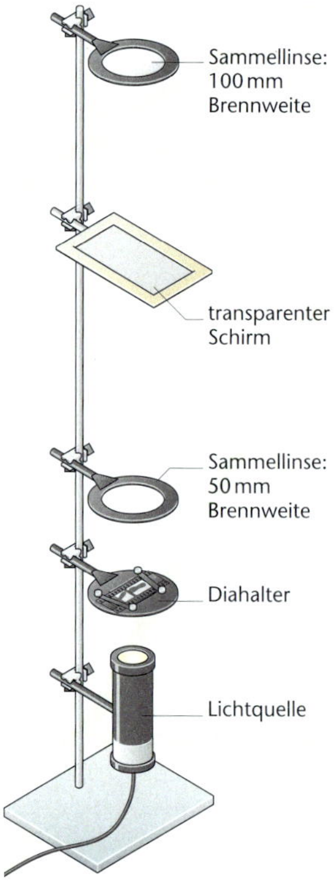

Mikroskop
Das Mikroskop enthält ein Linsensystem. Es besteht aus verschiedenen Sammel- und Zerstreuungslinsen, die in genau festgelegtem Abstand zueinander angebracht sind. Um eine andere Vergrößerung zu erreichen, wählt man für dieses System ein anderes Objektiv aus. Damit wieder ein scharfes Bild entsteht, müssen die Abstände zu den übrigen Linsen ebenfalls verändert werden.

Mikroskop

Musterlösungen

Wege in die Welt des Kleinen

11 Folgende Unterschiede sollten genannt werden:

	Tierzelle	Pflanzenzelle
Zellwand	Nicht vorhanden	Gibt der Zelle Festigkeit
Zellmembran	Nicht vorhanden	Gibt der Zelle Festigkeit
Zellmembran	Schließt die Zelle nach außen hin ab, kontrolliert den Stoffaustausch zwischen den Zellen	Durch sie werden Stoffe zwischen den Zellen ausgetauscht
Zellkern	Regelt alle Lebensvorgänge in der Zelle	Regelt alle Lebensvorgänge in der Zelle
Zellplasma	Füllt die Zelle aus und umgibt den Zellkern	Füllt die Zelle aus; darin sind Zellbestandteile wie Zellkern und Blattgrünkörner eingelagert
Vakuolen	Nicht vorhanden	Darin werden verschiedene Stoffe gelagert: Öle, Farbstoffe, Duftstoffe und Abfallstoffe
Blattgrünkörner	Nicht vorhanden	Dienen zur Herstellung von Nährstoffen

Sonne, Mond und Sterne

2 a) Das Lichtjahr ist eine astronomische Längeneinheit. Es gibt die Länge der Strecke an, die das Licht in einem Jahr zurücklegt. Es ist:
1 Lichtjahr = 9,46 Billionen Kilometer

b) Das Licht legt folgende Strecken zurück:
in 1 Minute:
300 000 km · 60 = 18 000 000 km
in 1 Stunde:
18 000 000 km · 24 = 1 080 000 000 km
an 1 Tag:
1 080 000 000 km · 24 = 25 920 000 000 km

c) Der Neptun ist 4 Lichtstunden von der Sonne entfernt. Dies entspricht einer Strecke von
4 · 1 080 000 000 km = 4 320 000 000 km

4 Polarlichter sind zu beobachten, wenn Materieteilchen der Sonne in das Magnetfeld der Erde gelangen. Besonders häufig treten diese Lichterscheinungen auf, wenn auf der Sonne Explosionen stattfinden, bei denen viel Sonnenmaterie ins All geschleudert wird.

13 a) Man spricht von einem astronomischen Fernrohr, wenn zur Bilderzeugung Linsen aus Glas verwendet werden.
Bei Teleskopen werden dagegen gewölbte Spiegel eingesetzt.

b) Der nach innen gewölbte Spiegel sammelt die Lichtstrahlen ebenso wie eine Sammellinse. Auch er besitzt einen Brennpunkt. Spiegel können mit größeren Durchmessern hergestellt werden als Linsen aus Glas. Daher kann man mit großen Spiegelteleskopen auch lichtschwache Sterne beobachten.

Stichwortverzeichnis

A

Abendstern 47
abnehmender Mond 43
Aggregatzustand 27
ALDRIN, EDWIN 34
Amöbe 18
Anschauungsmodell 24
ARMSTRONG, NEIL 34
Asteroid 46
Astronaut 54
Astronomie 46
Atmosphäre 36
Augentierchen 18f

B

Bakterien 20
Becherlupe 9
Beleuchtung 12
Beleuchtungsregler 12
Berlese-Apparatur 11
Beryll 21
Binokular 9
Bio-Limonade 22
Blättgrünkörner 16
Blende 12
Boden 11, 30
Bodenlebewesen 11, 30
Bodenuntersuchung 10
Brennpunkt 53
Brennweite 53
Brot 23

D

Doppelschwanz 11
Doppelstern 46

E

Ebbe 43
Einschlaglupe 9
Einzeller 18
Entfernungen
– schätzen 38
– messen 38
Entstehung
– von Nacht 40
– von Tag 40
Erbsubstanz 20
Erde 35f, 40, 56
Erdrotation 40
Erdschatten 45

F

Fadenwurm 11
Feintrieb 12
Fermentationstank 22
Fernglas 52
Fernrohr 36, 52f
– astronomisches 52
– keplersches 52
Feststoff 27
Fingerabdruck 6
Fingerprobe 10
Finsternis
– Mond 56
– Sonne 56
Flüssigkeit 27
Flut 43
Funktionsmodell 24

G

GAGARIN, JURI 34
Galaxie 46
Gas 27
Gasball 39
Gashülle 36
Gasnebel 46
Geißel 20
Gewebe 17
Gezeiten 43
Gluconsäure 22
Grippevirus 20
Grobtrieb 12
Großer Wagen 47
Grünalge 18
Grundwasser 19

H

Himmel 47
Hundertfüßler 11
Hüpferling 18

I

ISS 54, 56
– Steckbrief 54

J

Jogurt 23
Jupiter 35, 37

K

KEPLER, JOHANNES 52
Kleinstlebewesen 18
Knirschprobe 10
Kochsalz 29
Kochsalzkristall 29
Komet 46
Kondensor 12
KOPERNIKUS, NICOLAUS 44
Kriminallabor 7
Kristall 28f
Kristallwachstum 28
Kugelbakterie 20
Kugelteilchenmodell 27

L

Lebensmittelherstellung 22f
LEEUWENHOEK, ANTONI VAN 21
Lehm 11
Lehmboden 10
Leselupe 9
Lesestein 21
Lichtjahr 35
Lichtmikroskop 21
Limonade 22
Lösungsvorgang 29f
Lupe 8f, 21, 30, 52

M

Mars 35
Marsmission 36
Mehrzeller 18
Merkur 35f
Meteor 46
Meteorid 46
Meteorit 46
Meter 12
Mikrometer 12, 20
Mikroorganismen 22
Mikroskop 12, 30
– Umgang 13
Milchstraße 34f
Millimeter 12, 20
Modell 24, 41, 43
Mond 32ff, 37, 42, 46f, 56
Mondfinsternis 45
Mondphasen 42f
– Modell 43
Moosblättchen 15
Morgenstern 47
Mundschleimhaut 15

N

Nacht, Entstehung 40
Nanometer 12
Neptun 35, 37
Neumond 42

O

Objektiv 12, 52f
Objektivrevolver 12
Objekttisch 12
Objektträger 12
Okular 12, 52f
Organ 17

P

Pantoffeltierchen 18
Pflanzenzelle 16, 30
Planet 35f, 46f
Planetarium 48
Polarlicht 39
Polarstern 47
Präparat
– färben 15
– Herstellung 15

R

Rasterelektronen-
mikroskop 21
Raumsonde 36
Raumstation 54, 56
Regenwurm 11

S

Säbelalge 18
Saftkugler 11
Sammellinse 9
Sand 11
Sandboden 10
Satellit 46
Saturn 35, 37
Schaltjahr 40
Schlämmprobe 10
Schleimhülle 20
Schließmundschnecke 11
Schnittpräparat 15
Schraubenbakterien 20
Schusterkugel 21
Sonne 32ff, 39, 56
Sonnenfinsternis
– partielle 45
– totale 45
Sonnenflecken 39
Sonnensystem 34, 36, 56
Sonnenuhr 41
Spiegelteleskop 52
Spiralnebel 34
Springschwanz 11
Spurensicherung 6
Stäbchenbakterien 20
Stativ 12
Stern 32ff, 34, 47
Sternbild 48
Sternenprojektor 48
Sternkarte 50f
Sternwarte 49, 52
Stoff 27

T

Tag, Entstehung 40
Tausendfüßler 11
Teilchen 26f
Teilchenvorstellung 25, 30
Tierzelle 17, 30
Ton 11
Tonboden 10
Tubus 12
Tüpfel 16

U

Uranus 35, 37

V

Vakuole 16
Venus 35, 36
Vergrößerung 12
Vergrößerungsfaktor 9, 53
Virus 20
Vollmond 42

W

Wasserlupe 8
Weltall 32, 35, 56
Weltbild
 – geozentrisches 44
 – heliozentrisches 44
 – historisches 44, 56
 – ptolemäisches 44
Weltvorstellung, mittelalterliche 44
Würfelzucker 26

Z

zeichnen, Präparat 14
Zelle 17
Zellkern 16
Zellmembran 16f, 20
Zellplasma 16, 20
Zellwand 16f, 20
Zentimeter 12
Zwergspinne 11
Zwiebelhaut 15

Bildnachweis

U1.1 Getty Images RF (RF/Dex Image/Megumi Takamura), München; **U1.2** Getty Images (Photographer's Choice/Ian Mckinnell), München
4.1 Image 100, Berlin; **5.1** Astrofoto (Shigemi Numazawa), Sörth; **6.1** Georg Trendel, Unna; **6.2** Klett-Archiv (Gert Elsner), Stuttgart; **6.3** Okapia (Karl Gottfried Vock), Frankfurt; **7.5** Musées Royaux des Beaux-Arts, Bruxelles; **7.6** Image 100, Berlin; **7.7** Prof. Dr. Manfred Keil, Neckargemünd; **7.8** Klett-Archiv (Nature + Science AG/Mangler), Stuttgart; **7.9** Kage Mikrofotografie, Lauterstein; **8.2** Bildagentur-online (Shout), Burgkunstadt; **8.HG** Klett-Archiv (Gert Elsner), Stuttgart; **9.2** Georg Trendel, Unna; **9.4** Klett-Archiv (Hartmut Fahrenhorst), Stuttgart; **11.2** Klett-Archiv (Zuckerfabrik digital), Stuttgart; **12.6** Ulrich Niehoff Fotoproduktionen und Bildarchiv, Bienenbüttel; **13.1; 13.2; 13.3** Dr. Bruno P. Kremer, Wachtberg; **13.4** Tierbildarchiv Angermayer (Hans Pfletschinger), Holzkirchen; **13.5** Bellmann, Dr. Heiko, Lonsee; **13.6** Okapia (Manfred P. Kage), Frankfurt; **13.7; 13.8** Tierbildarchiv Angermayer (Hans Pfletschinger), Holzkirchen; **13.9** TOPICMedia (Maier), Ottobrunn; **13.10** Tierbildarchiv Angermayer (Hans Pfletschinger), Holzkirchen; **14.1** Klett-Archiv (Jochen Ciprina), Stuttgart; **15.4** Bananastock RF, Watlington/Oxon; **16.3** Image 100, Berlin; **18.2** Klett-Archiv (Nature + Science AG/Mangler), Stuttgart; **19.3** Kage Mikrofotografie, Lauterstein; **19.4** Okapia (NAS/Van Bucher), Frankfurt; **20.1** Wygasch, Dr. Joachim, Paderborn; **20.2** Corbis (Lester V. Bergman), Düsseldorf; **20.3** Prof. Dr. Manfred Keil, Neckargemünd; **20.4** Okapia (Peter Parks), Frankfurt; **20.5** blickwinkel (Hecker/Sauer), Witten; **21.5** Reinhard-Tierfoto, Heiligkreuzsteinach; **22.2** FOCUS (A. B. Dowsett/Science Photo Library), Hamburg; **22.4** Okapia (CNRI), Frankfurt; **22.03A** Okapia (D. M. Phillips), Frankfurt; **22.03B** Okapia (Dr. Gary Gaugler), Frankfurt; **22.03C** FOCUS (Dr. Gary Gaugler/SPL), Hamburg; **23.1** artvertise fotodesign & werbung, Gütersloh; **23.2** Dr. Christoph Bühler, Heidelberg; **23.4** Okapia (Manfred P.Kage), Frankfurt; **23.03A** Sächsische Landesbibliothek (Staatl. Kunstsammlungen Dresden/Kupferstich-Kabinett), Dresden; **23.03B** Carl Zeiss, Oberkochen; **24.2** Mauritius (Phototheque-SDP), Mittenwald; **24.01A** agrimedia, Eisenberg, Eisenberg; **24.01B** Helga Lade (Fischer), Frankfurt; **26.1** LD Didactic GmbH, Hürth; **26.2; 26.3; 26.4; 26.5; 26.6; 26.7** Wiking-Modellbau GmbH & Co. KG, Lüdenscheid; **27.1** AKG, Berlin; **30.1** Klett-Archiv (Steinle), Stuttgart; **30.5** Maiworm, Michael, Sprockhövel; **31.1** Mauritius, Mittenwald; **31.3** Heinze, Bernhard, Stuttgart; **31.02A** StockFood GmbH, München; **31.02B** Burkhard Weizel, Koblenz; **31.02C** Ulrike Medenbach Wissenschaftliche Fotografie, Witten; **32.1** MEV Verlag GmbH, Augsburg; **33.6** Klett-Archiv (Rolf Strecker), Stuttgart; **33.05A** Okapia (Manfred P. Kage), Frankfurt; **33.05B** laif (A. Carrara/Jacana Janjac), Köln; **33.05C** Tierbildarchiv Angermayer (Hans Pfletschinger), Holzkirchen; **33.05D** Okapia (Save/C.M.Bahr), Frankfurt; **33.05E** Bellmann, Dr. Heiko, Lonsee; **33.05F** Tierbildarchiv Angermayer (Hans Pfletschinger), Holzkirchen; **33.05G** Okapia (Manfred P. Kage), Frankfurt; **33.05H; 33.05I** Tierbildarchiv Angermayer (Hans Pfletschinger), Holzkirchen; **33.05J** Länge, Dr. Helmut, Stuttgart; **33.05K** TOPICMedia (Erhard Kotzke), Ottobrunn; **33.05L** Tierbildarchiv Angermayer (Hans Pfletschinger), Holzkirchen; **33.05M** Länge, Dr. Helmut, Stuttgart; **33.05N** TOPICMedia (Maier), Ottobrunn; **34.1** Astrofoto (Bouillon), Sörth; **35.2** Mauritius (Spectrum), Mittenwald; **35.3** Astrofoto, Sörth; **35.4** Getty Images RF (PhotoDisc), München; **35.5** Astrofoto (NASA), Sörth; **35.6** creativ collection Verlag GmbH, Freiburg; **36.1** MEV Verlag GmbH, Augsburg; **36.3** FOCUS (Science Photo Library), Hamburg; **37.4** Astrofoto (Shigemi Numazawa), Sörth; **38.1** Picture-Alliance (dpa/Fotoreport ESA), Frankfurt; **38.2** NASA (PD), Washington, D.C.; **40.1** Klett-Archiv (Dr. Klaus Hell), Stuttgart; **41.1** Astrofoto (EIT/SOHO/NASA), Sörth; **41.2** Mauritius (age), Mittenwald; **41.3** Astrofoto (Bernd Koch), Sörth; **43.2** Dr. Klaus Hell, Essen; **43.01A** MEV Verlag GmbH, Augsburg; **43.01B** Kessler-Medien, Saarbrücken; **44.1** Astrofoto (Shigemi Numazawa), Sörth; **44.2** Getty Images RF (Photodisc), München; **46.1** AKG, Berlin; **46.2** Picture-Alliance (akg-images), Frankfurt; **46.3** Picture-Alliance (AKG), Frankfurt; **47.1** Astrofoto (Bouillon), Sörth; **47.2** Mauritius (Bäumler), Mittenwald; **48.1** Astrofoto (Shigemi Numazawa), Sörth; **48.2** Mauritius, Mittenwald; **48.3** creativ collection Verlag GmbH, Freiburg; **48.4** Mauritius (Scott), Mittenwald; **48.5** Getty Images RF, München; **48.6** NASA, Washington, D.C.; **49.1** Okapia (J. Schad), Frankfurt; **49.3** Dieter Sporenberg, Bochum; **50.1** FOCUS (Parker/SPL), Hamburg; **50.2** Picture-Alliance (dpa/Rolf Haid), Frankfurt; **50.3** Alamy Images RM (Interfoto), Abingdon, Oxon; **51.1** Georg Trendel, Unna; **54.1** AKG, Berlin; **54.3** Turespana München, München; **54.4** WILDLIFE Bildagentur GmbH (C. Gomersall), Hamburg; **54.5** Klett-Archiv (Eberhard Pyritz, Schloss Holte-Stukenbrock), Stuttgart; **56.1** AKG, Berlin; **56.2** Mauritius (Photri), Mittenwald; **56.3** Picture-Alliance (EPA/NTV), Frankfurt; **56.4; 57.5** Astrofoto (NASA), Sörth; **57.6** FOCUS (NASA/SPL), Hamburg; **57.7** Astrofoto, Sörth; **57.8** Getty Images RF (Photodisc), München; **58.1** Astrofoto (Shigemi Numazawa), Sörth; **58.2** AKG, Berlin; **59.3** Mauritius (age), Mittenwald; **59.4** Astrofoto (Bouillon), Sörth; **59.5** Klett-Archiv (Eberhard Pyritz, Schloss Holte-Stukenbrock), Stuttgart; **60.1** Mauritius, Mittenwald

Nicht in allen Fällen war es uns möglich, den Rechteinhaber der Abbildungen ausfindig zu machen. Berechtigte Ansprüche werden selbstverständlich im Rahmen der üblichen Vereinbarungen abgegolten.